鲁艺人文艺术丛书
丛书主编：杨波

构建多维支撑的沈阳新型文化创意产业体系研究

杨 波 谢兴伟 任太余 ◎ 著

中国纺织出版社有限公司

内 容 提 要

文化产业这一概念自20世纪起进入人们的视野，并焕发出强大的生机活力，如今已发展成为世界经济的支柱产业和战略性资产。我国文化产业起步虽晚，但发展迅速，作为新兴业态和朝阳产业，是我国经济转型发展的主阵地。本书主要从文化产业园、文化创意产品、文商旅融合、文化产业政策、文化创意人才和文化金融发展这六个方面对沈阳市文化产业发展现状进行分析和研究，提出沈阳市文化产业发展中存在的问题，并提出相应的发展对策。

本书适合文化产业相关从业者、研究者参考使用。

图书在版编目（CIP）数据

构建多维支撑的沈阳新型文化创意产业体系研究 / 杨波, 谢兴伟, 任太余著. -- 北京 : 中国纺织出版社有限公司, 2024.6

（鲁艺人文艺术丛书 / 杨波主编）

ISBN 978-7-5229-1256-1

Ⅰ. ①构… Ⅱ. ①杨… ②谢… ③任… Ⅲ. ①文化产业－产业发展－研究－沈阳 Ⅳ. ①G127.311

中国国家版本馆CIP数据核字（2023）第237902号

责任编辑：石鑫鑫　　　责任校对：王蕙莹
责任印制：王艳丽

中国纺织出版社有限公司出版发行
地址：北京市朝阳区百子湾东里 A407 号楼　邮政编码：100124
销售电话：010—67004422　传真：010—87155801
http://www.c-textilep.com
中国纺织出版社天猫旗舰店
官方微博 http://weibo.com/2119887771
北京华联印刷有限公司印刷　各地新华书店经销
2024 年 6 月第 1 版第 1 次印刷
开本：710×1000　1/16　印张：7.75
字数：117 千字　定价：98.00 元

凡购本书，如有缺页、倒页、脱页，由本社图书营销中心调换

目录

第一章 概述 ··· 1
第一节 我国文化产业发展概况 ····································· 1
第二节 沈阳文化产业发展基本状况 ································· 3

第二章 沈阳文化产业园区研究 ································· 11
第一节 沈阳文化产业园区发展现状 ································ 11
第二节 沈阳文化产业园区发展中存在的问题及原因分析 ·········· 16
第三节 沈阳文化产业园区发展对策建议 ··························· 17

第三章 沈阳文化创意产品研究 ································· 21
第一节 沈阳文化创意产品发展现状 ································ 22
第二节 沈阳文化创意产品存在的问题及原因分析 ················· 23
第三节 沈阳地域文化特色文化创意产品研发对策建议 ············ 25

第四章 沈阳文商旅融合研究 ···································· 34
第一节 沈阳文商旅融合现状 ······································ 36
第二节 沈阳文商旅融合存在的问题及原因分析 ··················· 43
第三节 沈阳文商旅融合发展对策 ·································· 47

第五章 沈阳文化产业政策研究 ································· 54
第一节 沈阳文化产业政策概述 ···································· 54
第二节 沈阳文化产业政策存在的问题 ······························ 61
第三节 沈阳文化产业政策发展对策 ································ 63

第六章　沈阳文化创意人才研究…………………………………… 68
　第一节　沈阳文化创意人才现状………………………………… 69
　第二节　沈阳文化创意人才存在的问题及原因分析…………… 72
　第三节　沈阳文化创意人才发展对策…………………………… 77

第七章　沈阳文化金融发展策略研究…………………………… 87
　第一节　沈阳文化金融产业发展现状…………………………… 87
　第二节　沈阳文化金融存在的问题及原因分析………………… 99
　第三节　沈阳文化金融发展对策………………………………… 106

参考文献…………………………………………………………… 115

第一章　概述

文化产业诞生于20世纪的美国。1947年，西方马克思主义学者霍克海默（Horkheimer）和阿道尔诺（Adorno）在《启蒙辩证法》（*Dialectic of Enlightenment*）一书中，首倡"文化工业"这一概念，是指使用了现代化科学技术来大量复制的、非创造性的、以商品为形态特征的文化、娱乐产业体系[1]。文化工业（cultural industry）、文化产业（cultural industries）从此走上了历史舞台。21世纪以来，许多国家提出文化立国战略，2016年，联合国教科文组织发布了《文化时代：全球文化创意产业总览》，该文件强调文化（创意）产业已经成为世界经济的支柱产业和战略性资产。产业生命周期理论认为，一个产业的发展与人的生长过程相似，都有一个从幼稚到成熟，从成熟到衰老的过程。产业发展的过程可分为新兴时期、朝阳时期、支柱时期、夕阳时期和衰落时期这五个阶段。纵观全世界文化产业发展趋势，文化产业正处于朝阳时期，已有多个国家将文化产业从引擎定位升级为国民经济的核心产业，通过法治途径保障促进文化产业发展。世界经济正在进入文化产业时代。

第一节　我国文化产业发展概况

在我国，文化产业起步较晚，从1979年在广州第一次出现音乐茶座、营业性舞厅等经营性文化市场算起，迄今不过四十余年。近年来，随着中国改

---

[1] 马克斯·霍克海默,西奥多·阿道尔诺.启蒙辩证法[M].曹卫东,渠敬东,译.上海:上海人民出版社,2006.

革开放缔造的震撼世界的"中国奇迹"的展开，文化产业的发展势头日益强劲，中国的文化产业逆流而上，呈现出前景广阔的美好局面。全国文化产业增加值从 2012 年的 18071 亿元增长到 2019 年的 45016 亿元，年均增速达 13.9%，高于同期国内生产总值（GDP）现价年均增速，占同期 GDP 的比重从 3.36% 上升到 4.54%。

回顾过往，文化产业在整个国民经济体系中的地位日益上升。2002 年，党的十六大第一次在党的正式文件中区分了公益性文化事业和经营性文化产业，强调"把文化产业作为文化建设发展的重要方面"。2007 年，党的十七大报告进一步论述了文化产业与文化事业，强调要解放和发展文化生产力，提高国家文化软实力，这表明党在改革开放的实践中对文化事业和文化产业的认识在逐步深化。2009 年，我国第一部文化产业专项规划——《文化产业振兴规划》公开发布，这标志着文化产业已经上升为国家的战略性产业。2011 年，党的十七届六中全会首倡文化强国战略构想时，确立了"十三五"收官之年将文化产业打造成为国民经济支柱性产业的发展目标。2012 年，党的十八大报告指出要坚持把社会效益放在首位、社会效益和经济效益相统一，推动文化事业全面繁荣、文化产业快速发展。2017 年，党的十九大报告指出"我国经济已由高速增长阶段转向高质量发展阶段""建设现代化经济体系是跨越关口的迫切要求和我国发展的战略目标"。2018 年，习近平总书记在全国宣传思想工作会议上明确指出，要推动文化产业高质量发展，健全现代文化产业体系和市场体系，推动各类文化市场主体发展壮大，培育新型文化业态和文化消费模式，以高质量文化供给增强人们的文化获得感、幸福感，要坚定不移将文化体制改革引向深入，不断激发文化创新创造活力。2020 年，党的十九届五中全会和中央"十四五"规划对文化建设进行专章部署，提出 2035 年建成文化强国的远景目标。国家顶层设计的一系列明确导向勾勒出中国文化产业高质量发展的未来趋势。2022 年 10 月，习近平总书记在党的二十大报告中提出"推进文化自信自强，铸就社会主义文化新辉煌"的重大任务，就"繁荣发展文化事业和文化产业"作出部署安排。

"十四五"时期是我国"两个一百年"奋斗目标的历史交汇期，也是全面开启社会主义现代化强国建设新征程的重要机遇期。随着在 2035 年建成文化强国目标的明确确立，文化建设和文化产业的发展得到前所未有的高度重视。

可以说，文化产业作为新兴业态和朝阳产业，是我国经济转型发展的主阵地；作为文化建设重要领域和重要支撑，是我国全面建设社会主义现代化国家的主战场。"十四五"时期，文化建设和文化产业在国家全局工作中必将处在突出位置。

第二节　沈阳文化产业发展基本状况

一、文化及相关产业总量发展水平不高

近十年来，沈阳市文化及相关产业增加值占 GDP 比重呈下降趋势（在不考虑 2018 年根据第四次全国经济普查结果核算修订的情况下），2017~2019 年，全市文化及相关产业增加值占 GDP 的比重在 2.6%~2.7%。2020 年，沈阳市文化产业营收 223.4 亿元，同比下降 10.8%，与全国（同比增长 2.2%）、全省（同比下降 6.8%）差距较大，拉动作用与省会城市地位不匹配。

近些年，沈阳的文化产业发展并不尽如人意，2018 年沈阳的文化及相关产业增加值 185.8 亿元，占 GDP 比重为 2.7%（图 1-1）。这与同年全国文化及相关产业增加值的 41171 亿元，以及占 GDP 比重为 4.48% 的数据相比，还有比较大的差距。

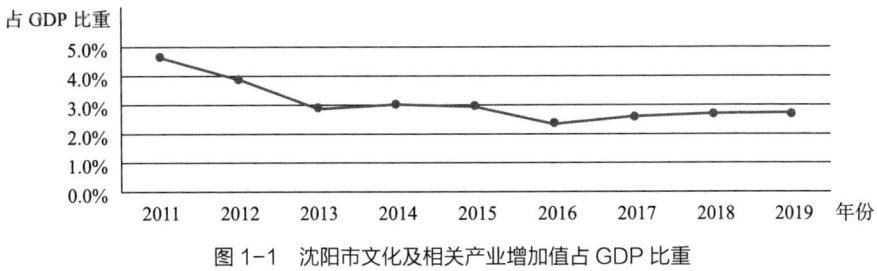

图 1-1　沈阳市文化及相关产业增加值占 GDP 比重

资料来源：沈阳市"十二五""十三五""十四五"文化产业有关发展规划、沈阳市历年统计年鉴，尚未考虑 2018 年根据第四次全国经济普查结果核算修订历史数据。

结合全国文化及相关产业发展情况，2011~2017 年，我国文化及相关产业始终保持平稳快速增长，占 GDP 比重呈现逐年上升态势（图 1-2），2017 年

全国文化及相关产业附加值为34722亿元，2018年达到38737亿元，较2017年增长11.56%（高于GDP增速9%、第三产业增速7.6%），文化产业占GDP比重达到4.48%。

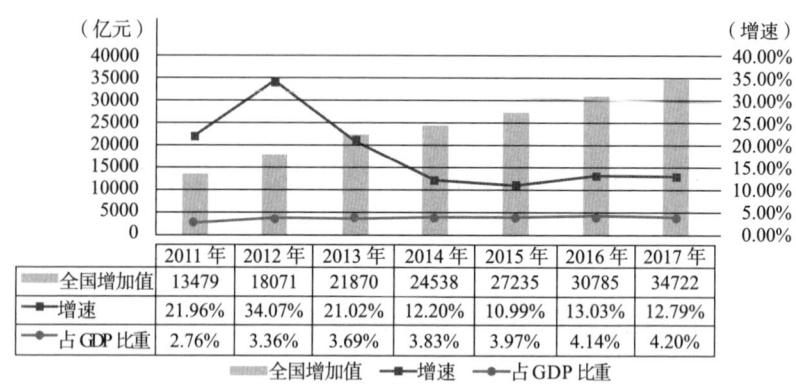

图 1-2　我国文化及相关产业增加值

资料来源：根据国家统计局《中国文化及相关产业统计年鉴》公布数据整理。

据了解，北京市文化及相关产业增加值占地区GDP比重保持增长态势，2019年占比达9.4%，居全国首位。沈阳市文化产业发展远落后于国内发达地区，甚至低于全国平均水平，文化产业份额不足，还没有达到全面小康社会要求的文化产业增加值占GDP比重5%的目标，对全市产业增加值贡献偏低。

二、文化产业企业普遍疲弱

《沈阳市"十四五"时期文化产业发展规划》（表1-1）显示，市场主体规模偏小，全市规模以上文化产业单位290家，重点企业51家，仅占全部文化产业单位的1.8%，头部文化企业数量较少，挂牌文化企业仅有5家。

表 1-1　沈阳市"十四五"时期文化产业发展规划

重点领域	单位名称	地区
创意设计服务业	中国建筑东北设计研究院有限公司	和平区
	东北大学设计研究院（有限公司）	和平区
	沈阳铝镁设计研究院有限公司	和平区
	沈阳都市建筑设计有限公司	沈河区
	沈阳荟华楼珠宝有限公司	沈河区

续表

重点领域	单位名称	地区
创意设计服务业	沈阳萃华金银珠宝股份有限公司	大东区
	沈阳市华域建筑设计有限公司	浑南区
	沈阳新大陆建筑设计有限公司	浑南区
数字内容服务业	沈阳盘古网络技术有限公司	和平区
	沈阳市蓝桥科技有限公司	和平区
	辽宁航天信息有限公司	和平区
	辽宁芒果网络股份有限公司	沈河区
	辽宁博信网络科技有限公司	浑南区
	辽宁向日葵教育科技有限公司	浑南区
现代传媒业	北方联合出版传媒（集团）股份有限公司	和平区
	沈阳广播电视台	和平区
	春风文艺出版社有限责任公司	和平区
	沈阳新华购书中心有限责任公司	和平区
	沈阳万达国际电影城有限公司	和平区
	辽宁中影北方电影院线有限责任公司	和平区
	北方联合广播电视网络股份有限公司	沈河区
	辽宁日报传媒集团有限公司	沈河区
	新华书店北方图书城有限公司	沈河区
	沈阳日报传媒集团有限公司	沈河区
休闲娱乐业	沈阳森林动物园管理有限公司	东陵区
	沈阳世界园艺博览经营有限公司	棋盘山风景区
	华强方特（沈阳）文化科技有限公司	沈北新区
	沈阳锡伯龙地创意农业产业有限公司	沈北新区
	沈阳北汤旅游发展有限公司	沈北新区
	辽宁百润射击场有限公司	沈北新区
	沈阳永盛七星旅游发展有限公司	沈北新区
	沈阳三农博览园有限公司	新民市

续表

重点领域	单位名称	地区
文化产品流通	周大福珠宝金行（沈阳）有限公司	和平区
	辽宁雅罗马国际贸易有限公司	和平区
	辽宁省展览贸易集团有限公司	和平区
	沈阳市梦金园珠宝首饰有限公司	沈河区
	沈阳中铸生产力促进中心有限公司	铁西区
	辽宁杰仕工艺品有限公司	浑南区
	辽宁中汽会展有限公司	和平区
	辽宁金宝珠宝首饰有限公司	沈抚示范区
	沈阳国际展览中心管理有限公司	苏家屯区
文化产品及装备制造	沈阳亿中保利商贸有限公司	和平区
	辽宁方圆信息技术有限公司	和平区
	沈阳松陵游乐设备制造厂	皇姑区
	沈阳同方多媒体科技有限公司	浑南区
	辽宁索菱实业有限公司	浑南区
	沈阳市创奇游乐设备有限公司	沈北新区
	辽宁中野科技实业发展有限公司	沈北新区
	辽宁圣宏科技有限公司	法库县
	沈阳市皇姑区东方神画美术培训学校	皇姑区
文化教育培训业	辽宁向日葵教育科技有限公司	浑南区

三、与文化相关投入较少

近年来，沈阳市全社会固定资产投资呈减缓态势，根据历年《沈阳统计年鉴》数据显示，2018年和2019年沈阳文化产业方面（文化、体育和娱乐业领域）固定资产投资分别约占全市的0.5%和0.9%（图1-3）。细分组成文化、体育和娱乐业的主要行业中，2019年文化艺术业、体育、娱乐业的固定资产投资增速分别为 -48.1%、4.3%、191.2%。

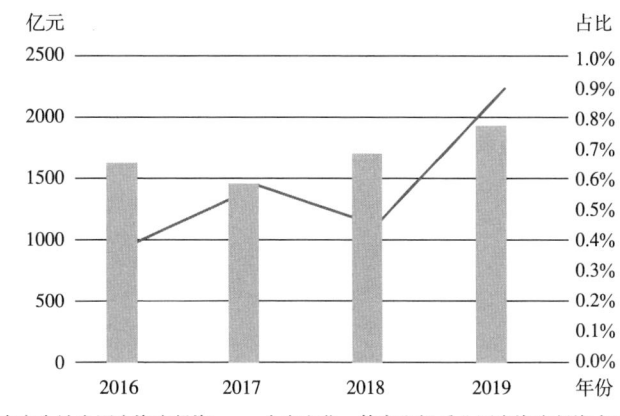

图 1-3　全市文化及相关产业固定资产投资占比

资料来源：根据历年《沈阳统计年鉴》公布数据整理。

四、文化产业园区初具规模

根据前瞻产业研究院公开数据统计，辽宁省各地级市各类产业园合计1274个（位居全国第15位），其中沈阳市438个，占比34.3%，大连市318个，其他城市20~70个不等。2020年，沈阳市规模以上文化产业单位❶增加到290户（占比辽宁省约23%），认定、评选和命名国家级示范园区（基地）7家（表1-2），省级示范园区（基地）12家，市级园区（基地）28家，这些产业园如果能发挥各自作用，将为全市文化金融发展释放巨大社会和经济效能。

表 1-2　沈阳市重点文化产业园区（基地）情况

园区（基地）名称	类型	主要业态	描述
沈阳华强文化科技产业基地	市级	创意设计、文化旅游、媒体网络、影视娱乐等	园区建筑面积60万平方米，产值1亿元
沈阳国际软件园	省级	工业软件研发、云计算、物联网、文化创意、基金小镇等	园区建筑面积70万平方米，入驻企业590家，产值400亿元
沈阳浑南（国家）动漫产业基地	国家级	动漫制作、游戏开发、动漫衍生品等	园区建筑面积3万平方米，入驻企业60家，产值4亿元

---

❶ 规模以上文化产业单位指年主营业务收入2000万元以上的企业。

构建多维支撑的沈阳新型文化创意产业体系研究

续表

园区（基地）名称	类型	主要业态	描述
沈阳工业大学国家大学科技园	国家级	装备制造、新能源、文化及传媒、新一代信息技术等	园区建筑面积 2.7 万平方米，入驻企业 35 家，产值 35 亿元
沈阳 1905 文化创意园	省级	餐饮、文化酒吧、个性工作室等	园区建筑面积 1 万平方米，入驻企业 40 家，产值 600 万元
北方文化新谷创意产业基地	省级	图书、游戏、互联网、数字出版等	园区建筑面积 2 万平方米，入驻企业 50 家，产值 8 亿元

近些年，沈阳文化产业出现了一系列新气象，以"文化+"带动的跨界融合效应开始显现，沈阳出现了"文化+旅游""文化+科技""文化+金融""文化+农业"等多元融合的新模式，为传统资源注入了活力。这种新气象是与国家的新发展息息相关的。

当前，我国即将进入新的发展阶段，文化产业高质量发展面临新的条件、迎来新的机遇。习近平总书记指出："新时代新阶段的发展必须贯彻新发展理念，必须是高质量发展。"高质量发展就是体现新发展理念的发展，创新是高质量发展的第一动力，协调是高质量发展的内生特点，绿色是高质量发展的普遍形态，开放是高质量发展的必由之路，共享是高质量发展的根本目标。❶因此，高质量发展是发展质量的高级状态和最优状态，是产业发展从"有没有"转向"好不好"。

2021 年 6 月，文化和旅游部发布了《"十四五"文化产业发展规划》，明确指出：中国"十四五"期间，文化产业要以推动文化产业高质量发展为主题，从经济政策、法治保障、人才培养、市场秩序等方面入手，不断完善文化产业发展环境。辽宁省将"建设文化强省"作为"十四五"振兴发展的重要目标任务，并要求沈阳市"聚焦国家中心城市定位，打造区域性文化创意中心"。据此，沈阳市提出"十四五"时期经济社会发展主要目标是围绕推动沈阳新时代全面振兴、全方位振兴取得新突破，努力建设国家中心城市的总目标，建设好沈阳现代化都市圈。围绕沈阳市的主要目标，2021 年 6 月出

---

❶ 人民日报评论员.大力推动我国经济实现高质量发展——二论贯彻落实中央经济工作会议精神[N].人民日报,2017-12-23.

台的《沈阳市"十四五"时期文化产业发展规划》提出:"以建设区域性文化创意中心为目标,以深化供给侧结构性改革为主线,以实施'文化+'策略、推动文化高质量发展为统领,以文化产业链建设工程、文化载体建设工程为着力点加快构建以国内大循环为主体、国内国际双循环相互促进的现代文化产业体系新格局,全面提升与国家中心城市相适应的文化产业整体实力和核心竞争力,为推动新时代沈阳全面振兴、全方位振兴做出新的贡献。"文化产业实现高质量发展成为沈阳"十四五"时期文化产业未来发展的题中应有之意。

目前,沈阳文化产业发展的质量与效益还有待提升,文化产业园区集聚效应有待提升,有市场前景的文化产品供应不足,文化金融业急需进一步发挥实效,文化产业政策还需进一步精准出台,文化创意人才队伍需要进一步扩大,高质量文化供给不足,还不能完全满足新时代人民群众精神文化生活新期待。沈阳文化产业高质量发展涉及众多要素,高效创新的人才队伍、健全的投融资体系、科学可行的文化政策服务等都是文化产业持续健康发展和现代文化产业体系构建的基本要素。此外,文化产业园区建设、文创产品研发也将构成文化产业的一道靓丽风景,通过不断完善沈阳文化产业的要素支撑来加强现代市场体系建设和完善制度体系建设。实现沈阳文化产业的高质量发展就是要在文化创意人才、文化金融服务、文化政策服务、文化产业园区建设、文创产品研发等领域都实现高质量发展。

2020年是"十四五"开局之年,国家、省、市出台了一系列文化利好规划政策,文化产业在内容创新、形式创新、业态创新方面将不断发展,促进文化产业转型升级和高质量发展。要强调的是,在本书中采用了"文化创意产业"的概念,这是基于以下认知:第一,目前,我国文化产业发展的头部城市如北京、上海、杭州、香港等普遍采用"文化创意产业"概念,如北京于2006年开始使用"文化创意产业"概念,而如沈阳、大连等文化产业不甚发达城市则到"十四五"期间依然主要使用"文化产业"概念。在2021年6月2日,由沈阳市文化体制改革和发展工作领导小组通过的沈阳市文化体制改革和发展工作领导小组关于印发《沈阳市"十四五"时期文化产业发展规划》的通知中,依然使用了"文化产业"的概念,没有继续沿用2018年4月27日,由沈阳市文化广电新闻出版局和沈阳市发展和改革委员会印发的《沈阳市"十三五"时期文化创意产业发展规划》的"文化创意产业"概念,但

构建多维支撑的沈阳新型文化创意产业体系研究

考虑到文化产业头部示范城市的普遍命名,故本书依然采用了"文化创意产业"概念;第二,在学术界普遍把"文化创意产业"和"文化产业"做了概念区分,认为文化产业概念是文化产业发展的初级阶段,现代的文化产业的产业范围已经大大超出了原初文化产业的范围,更重要的是"政府以策略引导带动产业转型加值,并且不只从文化的角度切入产业,而是将文化直接转换成产业部门,把文化和设计、创意发展加入国家发展政策之中"❶。文化产业概念是将文化定位在包括传统、乡土、人类学式的生活内涵,而文化创意产业将具有文化符号意义的产品都看作文化的展现,其文化的边界大大扩大了。考虑到未来文化产业的大趋势、大方向,这是本书采用文化创意产业的第二个原因。第三,从沈阳未来发展看,2020年12月4日,中共沈阳市委十三届十三次全会审议通过的《中共沈阳市委关于制定沈阳市国民经济和社会发展第十四个五年规划和二〇三五年远景目标的建议》,明确提出沈阳"十四五"时期经济社会发展主要目标是建设国家现代综合枢纽、国家先进制造中心、综合性国家科学中心、区域性金融中心和区域性文化创意中心,简称"一枢纽四中心",在这个建设蓝图中,文化创意被提高到前所未有的高度,可以想见,文化产业在沈阳"十四五"经济社会发展中将承担越来越重要的责任,也必将发挥越来越重要的作用。在《沈阳市"十四五"时期文化产业发展规划》中,很多内容都靶向文化创意产业,如作为文化高质量发展的"文化+"策略,已经超出传统文化产业所能涵盖的内容了。在这个意义上,本书使用文化创意产业概念,用以强调文化创意成分将在沈阳文化产业中扮演越来越重要的角色。随着中国经济的高质量发展,尤其是经济发展方式的转变、经济发展动力的转换,文化功能和价值的发挥成为区域整体发展的依赖与期待。

---

❶ 罗昌智,林咏能.两岸创意经济研究报告(2014)[M].北京:社会科学文献出版社,2014:224.

第二章　沈阳文化产业园区研究

文化产业园区作为一种新的经济空间形式和产业发展模式，已然成为世界各国和各大城市经济社会发展的新引擎。当前，沈阳正处于战略机遇叠加期、调整转型攻坚期、风险挑战凸显期、蓄势跃升突破期。站在"十四五"的历史新起点，靶向文化产业高质量发展，沈阳正在积极加快文化产业园区建设，力求打造具有沈阳地域特色、高发展前景的文化产业园区。

第一节　沈阳文化产业园区发展现状

一、规模不断壮大

沈阳文化产业园区起步于2000年，第一家真正意义上的文化产业园是"沈阳十一号院艺术区"，随后，文化产业园区的发展不断提速，近些年涌现出一批文化产业园区，截至2020年底，沈阳拥有文化产业园区（基地）32家（表2-1）。

表2-1　沈阳文化产业园区情况

序号	名称	地区	地址	主要企业	经营范围
1	沈阳出版发行文化产业园	和平区	中山路70号	沈阳出版发行集团有限公司	图书出版、广播、电视、电影和影视录音制作等

续表

序号	名称	地区	地址	主要企业	经营范围
2	沈阳西部文化传媒产业园	和平区	南提西路501号	沈阳西部文化传媒有限公司	影视剧发行；文艺演出；企业营销策划；商务信息咨询；经济信息咨询；企业管理咨询；文化艺术交流活动策划等
3	玖伍文化城产业园		太原北街95号	沈阳玖伍苑文化有限公司	文化市集、展览展示、主题乐园、影视娱乐、茶舍、咖啡屋、餐饮、服饰等
4	伊顺文化艺术产业园		太原街街道中华路98号	沈阳乐天健身有限公司、沈阳市和平区勋怒书店、沈阳市文化创意促进会、伊顺五丁目艺术生活体验馆等9家企业	健身、非医疗美容服务；图书、文具、礼物批发及零售；政策宣传、理论研究、交流培训；服装、鞋帽零售等
5	北方文化新谷创意产业基地		十一纬路29号	辽宁出版集团	图书出版、版权交易、科技研发等
6	辽宁红箭君旅文化产业园	苏家屯区	陈相街道塔山委（榛好庄园）	辽宁红箭君旅文化传播有限公司	商业服务类、住宿餐饮、组织文化艺术交流、教育咨询等
7	沈阳市文化艺术创意产业园	沈河区	十一纬路111号	沈阳市生产资料服务总公司、沈阳市沈河区泰克希音乐餐吧等84家企业	住宿和餐饮业、制造业、批发和零售业、租赁和商务服务业等
8	热闹路9号文化创意产业园		北热闹路9号	开心麻花（沈阳分公司）、D设计婚礼设计工作室、九鱼广告传媒有限公司等	文创工作室、住宿餐饮业等
9	辽宁非遗文化产业基地		沈阳路247号附近	沈阳海婴房地产开发有限公司、沈阳釜方矿业有限公司等10家企业	矿产品销售、书画装裱、幼儿教育、房地产开发、饰品零售等
10	奉天城韵九门里文化产业园		中街北顺城路93号	沈阳易图美朵技术服务中心、沈阳锦岚文化旅游产业发展有限公司等53家企业	文化艺术交流、知识产权服务、住宿餐饮服务、文化旅游、主题公园开发、企业形象策划等

12

第二章 沈阳文化产业园区研究

续表

序号	名称	地区	地址	主要企业	经营范围
11	沈阳皇城里文化产业园	沈河区	朝阳街208号	沈阳皇城里文化产业集团有限公司、辽宁传承文化发展有限公司等17家企业	物业管理、技术咨询、文化艺术交流活动、图书报刊零售、餐饮等
12	沈阳11号院艺术区		十一纬路111号	沈阳壹壹文化创意有限公司、沈阳市莱博餐饮管理有限公司等20余家企业	餐饮娱乐服务、艺术展览等
13	中晨电影小镇文化产业园		东陵路254号	沈阳中晨电影小镇影视产业有限公司	影视、网络文化产业创作；网络文化产业技术研发；动漫产品设计服务；文化艺术交流活动等
14	辽宁北方传媒产业基地		青年大街167号	辽宁北方传媒广告有限公司、沈阳北方影视传播有限公司、辽宁倾城传媒广告有限公司等5家企业	设计、制作、代理、发布国内外各类广告，工艺品、日用百货、钟表文具销售，国内展览展示等
15	红梅文创园	铁西区	卫工北街44号	黔货出山（辽宁）经贸有限公司、沈阳红梅彩色印刷有限责任公司、沈阳红梅生物科技有限公司等59家企业	艺术展览、文创工作室、制造业、批发和零售业、住宿、餐饮等
16	铁西1905文化创意园		北一路兴华街8号	沈阳壹玖零伍文化创意园有限公司	艺术展览、演出、文创工作室、创意餐饮等
17	铁西梦工厂体育文化创意街区		保工北街7号正门	沈阳健坤体育文化有限公司、沈阳梦工厂文化产业有限公司等9家企业	文化、体育、娱乐业；建筑业、住宿和餐饮业、租赁和商务服务业等
18	奉天工厂文化创意产业园		肇工街11巷	奉天记忆·7498文化创意产业园、沈阳记忆文化创意园、奉天工厂	文化艺术展览、书店、文创商铺等

13

续表

序号	名称	地区	地址	主要企业	经营范围
19	韩帝园朝鲜族民俗文化产业园	铁西区	路官一街12号	沈阳韩帝园传媒有限公司、辽宁金金物资贸易有限公司等28家企业	住宿餐饮服务、旅游咨询服务、服装零售服务等
20	Z广场国际文化产业园		景星北街38号	沈阳欢腾王国游乐园有限公司、世盟创展文化经营（辽宁）有限公司、澳亚（辽宁）展览有限公司等37家企业	餐饮服务、文化娱乐、服务销售等
21	作坐文化创意园		崇山西路3号	辽宁凌泰体育有限公司、沈阳为明天通讯科技有限公司等48家	制造业、批发和零售业、信息传输和信息技术服务业等
22	舍利塔文化旅游产业区	皇姑区	岐山中路88号	沈阳皇姑区法尚商务咨询事务所、沈阳冠中科技有限公司等8家企业	商务代理咨询、房产中介服务、五金零售、电子设备研发销售等
23	名仕科技文化产业园		黄河北大街262号	辽宁慧程信息技术有限公司、中戈建工集团企业管理有限公司等20家企业	住宿餐饮服务、计算机软硬件、管道工程、广告宣传、技术咨询等
24	铁锚1956文华创意产业园	大东区	大东路47号	辽宁不同视觉传媒有限公司、沈阳忆海悦文化传媒有限公司等11家企业	居民娱乐服务、文化艺术交流、会议展览、教育咨询等
25	红动文化创意园		北海街道东北大马路264号金地铂金中心	沈阳瑞奥森广告设计有限公司、辽宁红动文化发展有限公司2家企业	设计、制作、代理、发布国内外广告；文化艺术交流及活动策划等
26	沈阳报业数字传媒产业园	浑南新区	浑南新区同城路239号	沈阳报业印务有限公司	纸质印刷、报刊、数字技术等
27	沈阳浑南（国家）动漫产业基地		浑河站东街道火炬创新创业园	沈阳动漫产业基地经营管理有限公司等企业101家	动漫产业基地管理、动漫创作、网络游戏、手机游戏、虚拟仿真、游戏运营以及技术培训等

续表

序号	名称	地区	地址	主要企业	经营范围
28	五指文化电商产业园	沈北新区	沈北新区蒲文路18号	辽宁云鼎网络科技有限公司	增值电信业务中的互联网接入服务业务
29	沈阳123文化创业园		辉山大街与沈北路交叉口东南角	辽宁酷贝拉文化产业发展有限公司、沈阳明天文化传播有限公司、辽宁嘉田科技发展有限公司、沈阳海润建设工程有限公司等37家企业	经营演出业务、展览、文化活动策划、建筑材料、家电、五金产品销售、电子通讯研发、农作物种植、房屋建筑工程、产业投资等
30	沈阳华强文化科技产业基地		盛京大街55号东北方向110米	文化创意绿色产业，由3个文化大型文化科技体验展示区和7个文化科技产业专业基地构成	数字动漫、数字电影、游戏软件、文化衍生品开发等
31	汉夏中药养生文化产业园	辽中区	茨榆坨镇后岭村第二个大棚	汉夏中药养生文化企业	中药种植、研发、销售
32	大成伟业文化科技园	新民市	世纪大街与东营北一路交叉口西南150米	沈阳大成伟业实业集团有限公司	文化科技研发

二、类型比较多样

沈阳文化产业园区的主要类型可以划分为四种：产业型，如红动文化创意园、辽宁龙呈文化创意产业园等；休闲娱乐型，如韩帝园朝鲜民俗文化产业园等；混合型，如1905文化创意产业园、铁锚1956文化创意产业园、十一号院等；地方特色型，如皇城里文化产业园等。

三、发展模式比较单一

沈阳文化产业园区中，全部为企业主导型的发展模式。相较于其他发展模式的文化产业园区，企业主导模式在体制机制、战略决策、业态选择等方面更具灵活性和创新性。

四、政策保障不断加强

近些年，沈阳大力推进文化产业园区建设，2018年10月，沈阳发布了《沈阳市人民政府办公厅关于保护利用老旧厂房拓展文化空间的指导意见》，2021年，修订了《沈阳市文化产业园区认定管理办法》和《沈阳市文化产业基地认定管理办法》，在《沈阳市"十四五"时期文化产业发展规划》中明确提出，建成一批文化产业园区的发展目标。这些政策的出台为沈阳文化产业园区高质量发展打下坚实的政策基础。

第二节 沈阳文化产业园区发展中存在的问题及原因分析

一、企业选拔标准低，产业之间集而不群

部分文化产业园区在发展上过分依赖政府投资，有的迫于招商压力降低企业招标门槛，进驻企业资质不一，尤其缺少龙头企业。园区内产业集中度低、关联度低，规模效益也较差，呈现出散乱的状态，部分企业缺少资源或者利益上的一致性，没有生成相互依赖的配套体系，产业链中的上中下游企业各自为政，导致集而不群现象。

二、同质化问题突出，缺乏品牌特色

沈阳文化产业园区普遍缺乏自身发展规划，未能深入挖掘出本土文化特色，导致各大产业园区同质化严重，整体运营效率低，成本高。多数文化产业园区的经营模式以传统的商业地产模式为主，盈利方式单一，园区内的产

品特色不鲜明，文化氛围不够浓厚，导致至今未形成知名品牌。

三、园区规划定位不合理，发展存在盲目性

园区建设第一位的工作是搞好规划，规划的水平决定着建设水平。沈阳文化产业园区普遍存在先建设后规划的问题，园区往往是为了应对政府检查评比而现做规划。因为缺失专业团队制作的中长期发展规划，很多文化产业园区的发展存在盲目性，所以园区质量较低，无法满足社会需求。

四、创意人才流失，缺乏专业团队

文化产业园区的发展需要创新思维，也需要有着各具所长的专业团队的加入。在"第七次全国人口普查"中，沈阳的整体人口虽然是净流入，但高端人才流失问题依然严峻。目前，沈阳为留住人才颁布了多项优惠政策，但这些政策对创意人才和专业团队的针对性不强，吸引力不够。

五、缺少相关政策保障，园区的助力不足

当前沈阳文化产业园区的相关发展政策比较零散，没有形成整体合力。比较文化产业发达城市，现行园区相关认定评比等政策标准过低，不利于打造高水平文化产业园区。同时，针对园区发展的专项政策未与其他相关政策良好衔接，政策联动作用发挥有限。

第三节　沈阳文化产业园区发展对策建议

一、打造产业集群模式，用龙头企业劳动园区持续发展

产业集聚是改善文化产业园区发展布局的第一选择，可以有效促进资源

构建多维支撑的沈阳新型文化创意产业体系研究

整合、提高资源利用和配置效率，进而降低交易成本。为打造产业集群模式，沈阳迫切需要打造一批领军文化龙头企业和文化上市企业。入选企业应具有持续发展的空间和潜力。在园区的产业模式上，园区内企业间的联动应在各个维度、层次、领域等方面有更加深入的合作，通过产业、区块、数据间的跨越，实现规模经济和产业融合，从而充分调动园区活力，形成由合作迈向联动的产业模式。

二、合理定位园区功能，精确规划园区高质量发展

沈阳仍有部分旧仓库、老厂房处于闲置状态，沈阳应合理定位园区功能，通过把旧仓库、老厂房改造成具有深厚文化底蕴的文化产业园，突显沈阳作为东北老工业基地的文化内涵。另外，在设计文化产业园的功能分区时，要同时考虑功能区的数量和综合质量。文化产业园区建设需要一定的规模和密度，园区发展应根据不同的功能定位，密切结合本区域的行业发展特色以及在文化、科技方面的优势提升文化产业园区的核心竞争力。

三、加大科技投入，建设复合型文化产业园

现代技术可以改变传统文化产业园区的单一活动模式，吸引消费者眼球，形成培养消费用户的新路径。加大数字技术利用率，在人工智能、云计算、空间创新应用以及投资等方面广泛布局，积极探索"园区+科技""园区+街区"等一系列新型发展模式。大力推广智慧文化园区、虚拟文化园区建设，构建文化产业研发、生产、流通、交易一体的数字化平台，通过虚拟技术打造异质空间，将商业功能、休闲功能、交往功能、生态功能结合，形成多元参与、协同共治的文化氛围与合作机制，实现园区空间从单一功能空间向复合功能空间的转变，实现园区场景由实体场景主导向虚拟场景跨越发展。不断延续文化空间，通过植入新理念、新模式和新业态，达成彰显文化创新活力、推动产业转型升级、促进城市更新改造的远景目标。

四、制定优惠政策，广纳文化产业复合型人才

从人才的"引""育""用""留"这四个方面剖析可行对策，找准沈阳文化创意产业人才发展的弱项予以调整，以期促进"十四五"时期沈阳文化产业园区的高质量发展。依托沈阳的丰富的科教优势，特别是东北大学、辽宁大学、鲁迅美术学院和沈阳音乐学院的学科专业优势，培养一批科技人才和文化产业经营管理人才，同时完善人才管理机制与保障机制，做到人尽其才。

五、营建多种文化场景，开展消费体验型园区

包容的文化氛围能够对多元化的参与主体进行良好的系统整合。针对不同文化群体的消费需求，开展丰富多样的文化活动，可以增强园区文化的兼容性。努力向消费体验型园区转变，通过体验引导顾客的消费行为，将体验变成园区新的经济增长点。开拓高体验感的室内模式或室内室外相结合模式，打造独具沈阳特色的文化产业园区，利用装置艺术、涂鸦艺术等艺术形式带给人们强烈的代入感，以彰显园区的主题和历史。此外，还可以集讲堂、会所、咖啡厅等多种文化场所于一处，将文化产业园区延伸至创意生活区。充分利用沈阳地域文化资源优势，着力营建多种文化场景，发展消费体验型园区。

六、转化园区和政府管理思维，打造良好的营商环境

锚定文化产业头部城市，不断建立和完善相关法律法规，针对园区建设、企业入驻、知识产权、公共服务、人才培养和输出等内容立法，确保政策法规的稳定性和连续性。加大力度落实企业扶持优惠政策，有效构建社会诚信体系，为文化产业园区的发展提供法律制度保障，以推动形成竞争有序、有法可依的产业发展环境。继续优化营商环境，留住优质生产要素，吸引外部生产要素，着力优化生产要素配置。

沈阳文化产业园区在政策的积极引导下，正在有效整合资源，提升集聚化水平，对文化产业的发展起到了辐射、带动、孵化和引导等不容忽视的作用，在成长为我国文化产业发展重要载体的同时，也升级成为区域经济发展

构建多维支撑的沈阳新型文化创意产业体系研究

的新引擎、新动力。文化产业园区还是营造城市创意氛围、体现现代都市美学品位、提升城市文化创意水准的重要着力点。在东北振兴大背景下，建设沈阳现代化都市圈蓝图中，沈阳大力发展高质量文化产业园区恰逢其时。

第三章　沈阳文化创意产品研究

文化创意产品可从三个层次理解，首先，它是一种产品，能够进入市场销售，以供消费者消费，并且产生特殊的体验价值；其次，它注重形式，包括品质、式样、特征、商标及包装等，要符合消费者的审美需求，达到感官上的愉悦；最后，它能够提供某种"文化"消费，唤起消费者精神和心理上的归属感和认同感，这也是文化创意产品实现价值的核心。本章所指的沈阳文化创意产品是基于系统化的沈阳文化主题，借助文化创意和科技创新对文化资源、文化观念和文化用品进行再创造，从而产出的具备鲜明沈阳文化特征的高附加值文化创意产品。

回望文化创意产品的发展，它是随着中国文化产业的发展逐渐走进人们的视野的。早在2006年，文化创意产品已有国家政策的支持，在《国家"十一五"时期文化发展规划纲要》中，明确指出要"积极支持文化企业充分利用自有知识产权和品牌优势，向相关产业延伸发展，开发多种形式的衍生产品"。一些文化企事业单位尝试开发文化创意产品。随着国家文化政策的不断健全完善，很多文博单位逐渐从旅游纪念品设计向文化创意产品研发转变。2016年，国务院办公厅转发《关于推动文化文物单位文化创意产品开发的若干意见》，围绕当时文化文物单位开发文化创意产品的诸多问题，从顶层设计上具体部署了文化创意产品开发工作，并在体制机制、支持政策等方面做出创新和突破，为具备条件的文博单位松绑，文化创意产品从此走进大众生活。2021年，文化和旅游部等八部门联合印发《关于进一步推动文化文物单位文化创意产品开发的若干措施》，立足新发展阶段，贯彻新发展理念，聚焦当前制约行业发展的瓶颈问题，围绕基层实际需求，提出了一系列文化创意产品研发的具体工作措施。经过十余年的演进发展，博物馆届拔得头筹，通过跨

构建多维支撑的沈阳新型文化创意产业体系研究

界擦出文创火花，以故宫文创为代表的多款"网红"产品"圈粉"年轻一代，博物馆成为文创产业排头兵。

第一节 沈阳文化创意产品发展现状

随着文化产业向纵深发展，文化创意产品日益成为文化市场的焦点。近年来，沈阳的文化创意产品市场逐渐升温，文化创意产品市场不断发展扩大，在产品研发主体、产品呈现形式、产品营销路径以及市场规模上都有了一定的突破，成为沈阳文化产业发展中的独特篇章。

沈阳文化创意产品市场主体多元并进，各具特色。沈阳文化创意产品研发主体趋向多元，呈现出文博机构、高等院校和文化企业三足鼎立的局面，以沈阳故宫为代表的文博机构侧重历史感和传统性的开发，以鲁迅美术学院为代表的艺术高校注重艺术性和创意性的延伸，以七星境文创团队为代表的企业则更多考虑大众消费和商业价值。各市场主体各展其长，共同成为沈阳地域特色文化创意产品研发的主体力量。

沈阳文化创意产品形式多元，不断推陈出新。沈阳文化创意产品已初步突破过去文化创意产品的母题限制和功用限制，在成品设计上呈现出多元融合及与其他技术载体跨形式融合特点。如传统文物的趣味化和戏剧化设计、经典人物和传统文物的周边设计，或者是将虚拟现实（VR）、增强现实（AR）等数字技术与文创结合开发的文化创意产品云，这些在产品呈现形式上的创新为地域特色文化创意产品的研发设计提供了更多可能性。

沈阳文化创意产品展销平台持续扩容，市场生机无限。在良好的经济文化环境和物联网及互联网的双重影响下，沈阳文化创意产品展销平台出现明显的数量增长和形式多元特征，形成了线上和线下两条相对整合且独立的销售路径。线上以官网、微店、淘宝店铺、抖音等网络平台为主，营销手段新颖高效、产品受众面较广；线下以文创市集、体验馆等实体店为主，也有如中国艺术节、东北亚文化艺术博览会等展销活动。双轨制的营销方式对提升产品销量和产品影响力都颇有助益，有助于沈阳地域特色文化创意产品市场的整体向阳。

沈阳文化创意产品市场初具规模，涌现一批颇有潜力的品牌。在全国文化产品市场逐渐升温背景下，沈阳逐渐出现一批特色相对鲜明的文化创意产品和文创品牌，如述说传统的沈阳"盛京皇城"、清廷趣味的"戴小刀"、跨界电竞的"光盒食集"和东北风情的"栓财缸"等。这些文创品牌在短期内获得了较高的市场认可度和变现能力，已然具备一定的品牌效应。沈阳文创品牌的逐步生成将进一步强化沈阳地域文化的赋能效应，对地域文化特色文化创意产品的研发起到良好的先导作用。

第二节　沈阳文化创意产品存在的问题及原因分析

沈阳文化创意产品虽取得一定成绩，但在产品研发、市场营销和产业化产出上存在明显不足。

学术界把文化创意产品的研发生成分为三个阶段：第一阶段是以文化资源开发为基础，进行沿用或创新，实现资源实体化的产品化阶段；第二阶段是将现成产品包装、推向市场的商品化阶段；第三阶段是将有市场潜力和文化内涵的商品进行大批量生产并生成文化IP（intellectual property，知识产权）的产业化阶段。本节将从文化创意产品生成角度分析沈阳文化创意产品存在的问题及原因。

一是在产品化阶段，普遍存在对沈阳地域文化利用率不足、地域属性不明晰等问题，即使是涌现出的"栓财缸""戴小刀"等颇具地方特色的品牌，也在产品的文化表征表现及有记忆点和恒久性的特色品牌打造上存在较大成长空间。其不足主要表现在两方面，一是产品地域文化特色不鲜明；二是品牌潜力不足。沈阳文化创意产品市场上知名度较高和市场销售情况较好的产品多以东北农村风貌和民俗生活为母题，如酸菜缸、火炕等，虽短期可以很好地标识自己，但就市场长远规划而言仍存在较明显的封闭性，难以区别于东北其他地区。而沈阳地域特色浓郁的历史文化、民族文化和工业文化一直并未得到合理开发，如清发源地、老工业基地、多民族聚居等文化资源优势没能转化成产品优势，产品化转化率低，并且转化部分形制单一，衍生性不强，没有真正形成可以促进地域文化优质发展的文化创意产品优势，在一定

构建多维支撑的沈阳新型文化创意产业体系研究

意义上,陷入"资源祝福"变成"资源诅咒"的魔圈。

二是在商品化阶段,沈阳地域文化特色文化创意产品存在商品要素不突出、市场占有率不高等问题,主要表现在:第一,产品的包装不到位。产品包装是市场的敲门砖,其概念和商品包装都应清晰明确,而沈阳文化创意产品的市场定位不清晰,目标用户不明确,导致其市场份额占有率不足,产品覆盖面和受众层有限,忠实受众培养困难,部分产品固化给大众的是土俗印象,市场定价与质量又难以和受众心理预期相匹配,导致市场整体发展较为无序。第二,缺乏统一的市场运营和管理手段,沈阳文化创意产品缺少统一运作,中间环节管控不足,容易出现价超所值、制作粗糙、设计低俗、售后不佳等诸多问题,导致流通的产品良莠不齐。第三,推广机制建立不完备,缺乏良好的营销推广手段和途径,对如何讲好自己的故事、如何使人接受自己的文化始终停在一个相对懵懂的状态,文化输出的效果一般。第四,沈阳的文化市场调节机制不完善,产品自身的商品属性和文化属性未与消费者的需求结构形成相互作用力,研发者与市场需求接洽不及时、不直接,常对消费拉动形成反力,消磨文创喜好者的消费热情,使市场整体陷入沉闷。

三是在产业化阶段,沈阳地域特色文化创意产品存在产业链不完整、市场续航能力弱等问题,主要表现在产业链的不完整、创新链的不完善和人才链的不健全等方面。第一是文化创意产品生产链不完整,并与销售链不连通。沈阳的文化创意产品在专业生产上存在缺口,产品生产常附着于其他产业的生产线,在创意的完整表现、细节的处理及成品的规格统一上常不尽如人意,严重影响文化创意产品产业链生产的打造和规范性发展;产品销售链建设也是如此,一直未出现特色鲜明的行业领头者,也未形成文化创意产品销售聚集区域,线上和线下联动不多,而且联系松散,销售信息不透明,线上平台有而不全,多而不优,市场活性不足。第二是文化创意产品创新链不完善,表现在创意输出不足,原创研发人员基数小,版权意识不到位,创意输出质量参差不齐,部分优质创意的延展性和生命力维持不够。第三是人才链不健全,体现在人才队伍规模小,高质量从业人员存在断层的情况,创意设计类人才政策不完善,可施展于地域特色文化创意产品研发的人才流失率高,本土人才在接触前端学术和市场认知培养上意识较差,尖端创意输出不足,导致大量实用型产品和部分收藏类产品同质化现象严重,严重磨损品牌价值。

沈阳地域文化特色文化创意产品存在的一系列问题，究其原因，一是没有从文化产业视角系统梳理沈阳地域特色文化资源。文化产业视角不同于文化研究视角，后者注重学理性的归纳和梳理，而前者侧重文化的实际运营和市场价值挖掘，会更多考虑文化的社会功能和经济价值开发。二是缺乏既懂文化产品研发机理又深谙文化市场运行规律的复合型人才。只有懂文化的人才能做好文化，只有懂市场的人才能做好市场。沈阳地域文化特色文化创意产品的研发设计与市场运营基本是两个阵营，管理层面重合度极低，对文化属性和商品属性的把控难以得心应手，使市场的作用难以真正发挥出来。三是没有将地域特色文化创意产品市场作为一个相对独立的市场主体和系统化运营的对象，使其发展受到诸多限制。沈阳地域特色文化作为一个大的开发母题，其资源规整、研发设计、包装生产、营销推广和市场销售等环节都或多或少地依附、挂靠在其他产品的产业链运作上，发展受到所属主体或主题的桎梏，难以独立建构产业链。

针对以上提及的问题及原因，下文将从产品化、商品化和产业化三个方面剖析可行对策，找准文化创意产品研发的短板并予以调整，促进沈阳地域文化特色文化创意产品的高质量发展。

第三节　沈阳地域文化特色文化创意产品研发对策建议

一、实施雅俗共建、承创并举的产品化策略

文化创意产品从设计到生产的产品化过程属于供给侧内容，包括设计人员、设计母题、设计产品等要素，其运作措施和手段都需要革新，主要包括以下三个方面。

（一）加强对沈阳特色文化资源的有效开发

文化是世界的，但首先是地域的。以文化为依托的文化创意产品需要体

构建多维支撑的沈阳新型文化创意产业体系研究

现出其独特性,表达出其价值属性和身份认同,从情感上获得归属,也从情感上寻求受众。沈阳地域文化特色文创资源开发需要思考三个问题:开发什么、如何开发和怎样高效开发,突出重点资源、物化特色资源和构建产品体系。沈阳地域文化资源丰厚,拥有满族、蒙古族、回族、朝鲜族、锡伯族等优秀的民族和民俗文化,是极优质的设计母题。但这些文化资源的开发程度非常有限,研发人员应扩宽自己的思维,打破现成品复制和艺术品衍生的桎梏,加大对民族文化等地域特色文化的合理利用,将民族及民俗文化作为沈阳地域特色文化创意产品开发的重点,注重对真实历史和现实人生的重现,深入挖掘地域文化内涵,开发兼具历史感和现实感、实用性和文娱性的主题产品。如加强开发手工艺品,手工艺品虽不完全等同于文化创意产品,但在制作工艺上的小众性和升值空间都与文化创意产品中的艺术衍生品相似,可以成为文化创意产品体系中的高端产品线。沈阳羽毛画、沈阳烙画、盛京满绣、奉天落子、沈阳评剧、沈阳京剧、沈阳东北大鼓、沈阳"面人汤"、沈阳关氏皮影等地方文化遗产和民俗工艺都可以作为开发重点,成为沈阳扩展特色内容和多元审美特征的地域文化名片。同时,还要注意保护好初具影响力的文创品牌,增强对原创产品和版权意识的维护,打造标志性的地域特色文创品牌,抢占更多市场份额。

(二)加强研发产品的审美属性和实用功能

沈阳地域文化特色文化创意产品作为有地域文化赋能的商品,其实体化需要充分考虑受众需求,以及审美需求和实用需求。产品的本质是供消费者使用,消费者在购买产品时,第一考虑的要素是产品的使用价值含量,这也应当成为设计者研发构思的基础和准则。此使用价值并不单指实用价值,还指审美价值,因为消费者在消费文化创意产品时总是会同时考虑到它的美观与否和实用与否。相较于普通文化创意产品,地域文化特色文化创意产品在受众层和延展性上存在一定局限性,在资源产品化时更需将人的审美诉求和实际功用问题作为首要因素去考量,研发人员要突破思维定式,文博机构不能局限于贵重的架上装饰和传统的宫廷主题;高校不能一味地突出艺术性;企业也不能拘泥于市场化的同质产出,而应兼顾审美性和实用性。如羽毛画传承过程中,除了发展题材、开发创意之外,还研发出卷轴羽毛画样式,对羽毛画存在的携带不便、玻璃易碎、画品沉重等问题予以改良，在不损害作品本身的美观形象的前提下，大大提高其实用价值，做到了文化创意产品开发审美属性和实用功能的共举，为自身长远的品牌建设打下良好的基础。

（三）加强培养高质量人才和新设计思维

与其他成熟行业相比，作为新兴行业的文化创意产品市场明显处于人才供不应求的阶段。创意设计人才的数量与质量无法匹配蒸蒸日上的文化创意产品市场，其缺口已经成为制约辽宁省文化创意产品发展的突出问题。面对文创市场发育不良、行业发展空间有限及地方政策支持不到位等原因造成的地域文化特色文化创意产品设计人才短缺问题，沈阳应加强创意设计人才队伍建设。为此，"政""校""企"应当彼此协同，深度融合：政府主要做好营商环境，加大政策支持、产权保护和相关配套体系建设；学校主要负责创意产出，提供创意人才、创意元素和新式理念；企业主要提供商业模式、研发资金和工作岗位。此外，产品研发设计应开发多元生产模式，将 PGC❶、UGC❷和 OGC❸ 三种内容生产模式结合起来，由专业人士负责创意底蕴的把控，用户自主培育审美消费观念，职业生产穿插并进。同时，设计者也应该开拓眼界，善于跨界融合，合理运用 3D 打印、全息投影、VR、AR 等前沿技术，削减文化创意产品呈现可能受到的时空限制，主动参与到旅游、科技等新形式融合产生的新业态之中，延伸沈阳地域特色文化创意产品的可能性。在新事物的融合和新思维的加持下，地域文化特色文化创意产品能做到内涵更丰富，受众更广泛，发展路径更多元。

二、实施推陈出新、有的放矢的商品化策略

产品要变成有市场价值的商品，严格来说要经过复制、推广、消费和再生产四个环节，其对策建议也应从这几个方面入手。

---

❶ PGC：Professionally-generated Content 的缩写，指专家生产内容。
❷ UGC：User generated-content 的缩写，指用户生产内容。
❸ OGC：Occupationally-generated Content 的缩写，指职业生产内容。

构建多维支撑的沈阳新型文化创意产业体系研究

(一)注重要素重复和产品复制的力量

产品成为品牌需要具有重复力量的标志和印象,重复话语便于受众产生思维惯性和形成消费惯性。在地域文化特色文化创意产品自身的艺术特性和发展状态的基础上,选择具有自我表现力的颜色、元素和形状等要素,设计出独特的文创品牌商标(logo),呈现在文化创意产品的包装与设计之中,使代表元素或语词重复出现在受众眼中,形成潜意识的固定印象,向受众传达概念,进而固化概念,促使其形成消费习惯。

除了要素的重复,产品的大批量生产也是抢占市场的关键,主要涉及两个方面,即保质的基础上增量和管控尖端文创产品的出产数量。前者在于以质与量加大有效曝光,适用于绝大部分日常生活用品类的文化创意产品;后者则强调其作为精神文化内核的象征和表现,泛滥就意味着贬值,所以至少要有一部分内容始终保持稀缺性。因此,在文化创意产品的研发生产中,按需生产和控量生产应并行。按需生产的产品替代品众多,以保质保量为先,如创意文具、生活用品等;控量生产则以创意为先,指技术成本、文化赋能和品牌价值都较高的部分尖端文创,如具有文化遗产性质的手工艺品、展品衍生品等,既具备艺术品的独特性,又有文化创意产品的实用性和文化赋能价值,可以打造成有文化属性加成的尖端文创,在保证曝光率的基础上控制产出、实行饥饿营销,能有效提升其品牌价值和储值价值。

(二)注重宣传对消费的带动作用

宣传推广是产品营销的重点,即要加大商品的推广宣传力度,提高沈阳地域特色文化创意产品的知名度和影响力,以此带动受众整体的消费。以故宫博物院为例,其文化创意产品年销售额能超过 10 亿元,这离不开从线下到线上的整体营销。沈阳的三类文化创意产品研发主体中,文博机构在文化输出上更具权威性,但过于偏重传统,因此应改变严肃沉默的刻板印象,立足传统,挖掘创意元素,将"藏品"化为"商品"和"展品"。沈阳高校应发挥创意优势,以产品的年轻化为特点来吸引消费者,以艺术化为目标来装饰生活,以审美性为基调来涵养品位。同时,加强线上平台宣发投入和线下活动宣传力度,以"跨界+新媒体"等新表现形式延伸产业链。沈阳的文创企业是文创市场的中流砥柱，格调属性限制较少，可以立足沈阳区域特色文化基础，结合前端新潮理念，采用新型营销宣传手段，开拓销售平台，以新零售的形式和新媒介的宣传途径垂直链接客户端，建立整合式的营销布局结构，摆脱"哑售"状态，助力其市场价值攀升。

（三）注重对用户消费的培育

培育消费者对促进沈阳地域文化特色文化创意产品研发具有一定意义。这就需要培育消费者对沈阳地域特色文创品牌的情感，提升消费者对品牌的忠诚度。因此，应把握消费者在认知、情感和行为三个阶段的消费行为，有意识地塑造消费者的认知概念，营造良好的购买气氛，以增强其消费意愿，带动更多的消费行为。消费者对地域特色文化创意产品的认知包括产品的整体构成、故事情节、形象美感、实用功能、价格与价值等内容，营销人员需要清晰、完整地将其呈现出来，使消费者感受到物有所值，甚至物超所值，增强消费者的信任度。购买气氛的影响因子包括自身主观因素和外在客观因素两个方面，对于自身原因，经营者应尽量引导，比如增加闺蜜套餐之类的配套产品或书咖之类的配套空间以增强消费者在消费过程中的归属感和社会价值；对于客观环境的营造，可以尽量将经营空间的设计整体化、系统化，注重包装的整体视觉效果，无论线上还是线下，当消费者处于相对沉浸式的环境时，感官舒适度明显上升，消费意愿也会显著增强。相较于一般产品，地域文化特色文化创意产品要更加注重美感和文化的呈现，以美感提升产品的经济价值、以文化精细艺术、以创意支持设计，将会给文化创意产品的消费带来瞩目的正向引导效果，大大提升市场价值和市场占有份额。

（四）注重产品再生产环节的高效性

市场是一个大循环，从生产者流到消费者，再回归到生产者本身。所以，要真正生成沈阳地域文化特色的文化创意产品IP，就要充分考量市场销售样态和受众心理期待，减少和改良不畅销产品，加大明星产品的生产投入，开展高效的再生产活动。除此之外，再生产的壮大还需要深谙文化市场和知识产业运行规律的商业力量入场，成为规模性生产的经济保障和市场规划的前景瞭望塔，缓解目前沈阳地域文化特色文化创意产品行业发展资金不足、营

构建多维支撑的沈阳新型文化创意产业体系研究

销推广不够和市场销路有限的压力，推动完善生产体系和提高再生产效率。2016年以来，国家开始大力发展文博创意产业，全国近百家博物馆成为文化创意产品开发试点单位，与文博、文创相关的系列活动相继开展。这意味着文化创意产品在政策和实践层面正式成为博物馆的"标配"，博物馆运营全面进入文创时代。❶互联网巨头和优质资本们在完成其ACG和影视等行业的IP布局后，都借势进入文博行业，这是沈阳文创产业发展难得的机遇。文化创意产品研发主体应对市场反响较优的产品采取联动策略，比如与商业资本开发联名款、开发限量版收藏品、举办特殊客户交流活动、高校毕业季衍生文创贩售等等。只有重视文化创意产品的再生产环节，这个行业的有机寿命才会相对长久。

三、集成联动、链式运营的产业化策略

沈阳地域文化特色文化创意产品发展尚未形成完整的产业链，应整合各生产要素和生产环节，加速聚集效应的形成和产业链的建设，推进产业化进程，提高产业化水平。发达国家的博物馆文化创意产品开发已形成相对成熟的产业链条，如大英博物馆、大都会艺术博物馆、卢浮宫博物馆等甚至已完全依靠衍生品贩售独立存活。这些博物馆能做到自立，在于它的产业化。即文创产业在市场经济条件下，以用户需求为导向，以实现效益为目标，依靠专业服务和质量管理，形成品牌化、系统化、市场化效应。

（一）加快产业链生成和相关产业聚集

产业链生成和产业聚集是文创产业发展的重要基石，产业链一般指设计研发—工业生产—产品销售的完整体系，有时也指其中的某一支线，文化创意产品产业链的重点在于要将原附着于其他工业产品生产链，升级为自主建设具备大规模生产水平的生产线，实现规模化和效益化；产业聚集则是在此基础上将所有生产要素集合起来，形成集成式文创产业园区或文创社区，以整体的面貌和姿态对接消费者的需求和建议，建立更加快速有

---

❶ 张振鹏. 博物馆运营全面进入文创时代 [J]. 中外文化交流,2017(3):52-53.

效的市场交流链。如借鉴北京 798 文创园的运营模式,将沈阳文创园区最密集的铁西区文创资源予以整合,将艺术家工作室、美术馆、艺术商店和艺术工坊等多种艺术机构集成管理,深入整合,开发艺术研学、艺术消费和艺术教育等多种艺术交流形式,改变市场零散、商品售卖各环节联系乏力的困境,抓住文化节、文创市集等大型艺术活动造成的消费高潮,延续并扩大市场影响力,将其打造成为沈阳的新文化艺术地标,聚集更多艺术社群,培育更多艺术项目,为沈阳地域文化特色文化创意产品的研发、生产和销售提供更多场景和平台。所以,要延长沈阳地域文化特色文化创意产品的生命周期,就必然要打造完整链条,促进产业链、创新链和人才链三链集成,同时将政策链、资金链和生态链有机结合,避免文化创意产品研发的媚俗化,真正讲好沈阳故事,打造属于沈阳的有价值的地域文化特色文创大 IP。

(二)加快文化创意产品产业的系列化运营

系列化运营是文创市场繁荣的必要手段,指像品牌旗舰店一样建设特色场域,实行统一生产、统一配货、统一调控的从上而下的商业流水线式的整体运作。针对同质化产品的泛滥,引导独具特色个性的文化创意产品走出家庭作坊,主动产生市场对流,改善"上货"和"不走货"的现象;产品生产要保证规格、品质的统一,减少粗制滥造、千物一面等情况;货品派发应该注意协调各地区的市场状态,按需供给,避免囤货、积压,同时自觉开发新的运营模式,开拓更大的用户市场。这一点上,可以借鉴纽约大都会艺术博物馆的运营模式,在一定基础上分散开店布局,打破地域限制,在保留原生文化基底的同时努力适应异质的地域文化,丰富和扩展自身内涵的同时,经济回报也必然瞩目,大都会博物馆的 16 家文创商店在独立的运作机制下就创造了约 7 亿美金的年营收。这种系列化运营模式不仅适用于文博机构,高校和企业同样可行,因为地域不会成为文化创意产品在市场上的必然限制,国内不断完善的互联网和物联网建设的良好推广媒介和销售平台,坚实了大环境下的硬件支持,高体验性和高用户黏性的链式运营借势传播优质文化,对文化消费社群的构建、IP 的形成与产品的销售都作用显著,软性功能的大幅强化也将使沈阳地域特色文化创意产品市场的发展更加生机盎然。

构建多维支撑的沈阳新型文化创意产业体系研究

（三）加快形成和完善文创大 IP 的建设

文创大 IP 的生成是各大文化创意产品研发主体不约而同的发展策略，侧重打造明星产品和创作以其为母题的系列衍生产品，构建一个相对宏大的代表性品牌，这是最直接产生品牌影响力和经济效益的部分。文创 IP 的构想需要贯彻整个文化创意产品的生产链，从研发到销售步步为营，并且真正落实到 IP 建设的目的——变现。沈阳的文创研发机构运作文创 IP 时，可选择高知名度的产品作为母题，在统一基础元素的背景下尽可能拓宽其使用路径，使其具备融入生活方方面面的潜力，如办公、生活、情感需求等。大英博物馆销量最高的文创系列就是以其著名馆藏"罗塞塔石碑"为设计母题的文化创意产品，该系列文创产品种类超过 60 种，功用事无巨细，产生了超五千万美金的年营收。这启示着，沈阳地域特色文化创意产品开发应兼备文化属性和实用价值，从硬周边和软周边两方面入手，巧妙创意、大胆创新，将"明星产品"进行"衣食住行"一条龙式的系统开发，同时拿捏好文化粉和大众爱好者的消费命脉，带动沈阳地区的文化产业发展和文化创意产品销量。这个过程中，不能忽视的是平台的作用，不同的平台对 IP 建设产生着不同的功用，要联动政府平台和互联网公司平台，在不同阶段借力创作平台、传播平台、社群平台等不同平台，让平台使用也能形成链条，形成自己的产业生态和自循环生态系统，使沈阳地域文化特色文化创意产品研发过程中的生产、销售、消费和再生产各环节达到一个可以实现能量转化的平衡状态。需要强调的是，文化产品的价值体现于文化产品以商品或同一性产品形式流通于市场过程中产生的特定的自我修正，在以后福特式❶的设计密集型差异生产为模式的文化生产环境中，差异的设计是文化产品成功的关键，所以，文化产业中的品牌打造要限制"无限的"商业化，只有找到并突出其文化内核才能真正成为拥有文化赋能的文创品牌。这意味着，真正具有恒久生命力的文创大IP，是独特性、文化性、审美性和实用性缺一不可的。

党的十九届五中全会明确提出到 2035 年建成文化强国的战略目标，明确

---

❶ 后福特式指以满足个性化需求为目的，以信息和通信技术为基础,生产过程和劳动关系都具有灵活性（弹性）的生产模式。主要特征有:个性化需求大规模定制、水平型组织形式、消费者主权论、弹性生产、竞合型的市场结构。

提出，要"扩大优质文化产品供给""加快发展新型文化企业、文化业态、文化消费模式""打造一批有影响力、代表性的文化品牌"。在这种国家战略利好下，基于地域文化特色的沈阳文化创意产品前景光明，必将成为沈阳文化消费新载体和文化创意产业新动力。按照发展经济学的观点，人均可支配收入（DPI）3000 美元前后的发展过程，是经济社会现代化发展的一个标志性阶段，在这一阶段，文化创意消费将进入快速增长期。2020 年，面对错综复杂的国内外环境，沈阳市经济恢复持续向好，全市全年地区生产总值（GDP）6571.6 亿元，同比增长 0.8%。城镇居民人均可支配年收入 47413 元，同比增长 1.3%。城镇居民在教育文化上的人均支出为 2984 元，农村居民在教育文化上的人均支出为 929 元。在未来 5 年中，随着中国经济的转型升级，量化发展将逐渐让位于基于环境可持续性、高附加值产品、技术独立和生活条件普遍改善的现代化发展，即专注于高质量发展和生产效率的提升，在沈阳城镇居民人均可支配年收入已达 7339 美元，远超发展经济学主张的 3000 美元关口的条件下，沈阳文化创意产品的发展必将乘着政策东风，行稳致远。

第四章　沈阳文商旅融合研究

当今世界正经历百年未有之大变局，国际国内的发展环境变得复杂而严峻。中国依然处于重要的战略机遇期，并进入高质量发展阶段，国内大循环、国际国内双循环的新格局正在形成。

在《中华人民共和国国民经济和社会发展第十四个五年规划和二〇三五年远景目标纲要》中明确指出："要推动文化和旅游融合发展。坚持以文塑旅、以旅彰文……加强区域旅游品牌和服务整合，打造一批文化特色鲜明的国家级旅游休闲城市和街区。推进红色旅游、文化遗产旅游、旅游演艺等创新发展。"

在大的历史背景下我们看到，"十四五"时期同样也是沈阳市大有可为的重要的战略机遇期，沈阳文化产业的发展更是迎来了重要的历史发展机遇。一方面国家为文化产业发展提供了有利政策环境，另一方面新一轮的科技革命也为文化产业发展提供了新的条件。❶为贯彻落实《国家"十四五"时期文化发展改革规划纲要》《辽宁省"十四五"时期文化改革发展规划纲要》《沈阳市国民经济和社会发展第十四个五年规划和二〇三五年远景目标纲要》，对标国家 2035 年建成文化强国的远期目标，在习近平新时代中国特色社会主义思想的指导下，要胸怀两个大局，立足沈阳市文化资源实际，以文化为核心，深入实施"文化 +"策略，用文商旅融合助力沈阳文化创意产业的发展。

第一，文商旅融合发展有利于实现沈阳经济增长动能的转换，进而推进沈阳市经济的转型升级。贯彻新发展理念，加快建设现代化经济体系，坚持供给侧结构性改革是中国经济治理的战略性调整。要用创新驱动中国经济的增长，实现产业结构的优化升级。在《沈阳市"十四五"时期文化产业发展

---

❶ 沈阳市文化体制改革和发展工作领导小组. 沈阳市"十四五"时期文化产业发展规划 [EB/OL].[2021].

规划》中指出："力争到 2023 年，全市文化产业增加值占 GDP 比重达到 5%，实现全省领先，成为国民经济支柱产业，现代文化产业体系更加完善，文化产业结构不断优化"。❶ 文商旅融合发展能够同时促进文化、商业和旅游业的共同发展，不仅可以实现沈阳产业由中低端向中高端的迈进，产业结构优化升级，而且还能为沈阳经济发展提供新的增长动能，即由传统的投资、出口、消费驱动逐步转为创新驱动，用文化创新拉动整体经济增长。

第二，文商旅融合发展有利于提升沈阳的文化软实力。当今的时代主题是和平与发展，文化软实力已经成为城市综合实力评价的重要组成部分，因此必须高度重视文化因素。文化是民族的血脉，城市的灵魂，城市的全面发展离不开文化的发展。推动沈阳全面振兴全方位振兴，离不开文化振兴，以文化的繁荣发展助力沈阳全面振兴全方位振兴，积极推动文化强市建设，让强大的文化力量成为振兴发展的重要引擎，成为沈阳文化建设的重要战略选择。深化"文化+"的发展战略，积极推行文商旅融合，其核心就是文化，要充分挖掘、利用、整合沈阳的文化资源。

文商旅融合发展，要以文化为核心，挖掘沈阳市深厚的文化底蕴，并用社会主义核心价值观凝心聚力，塑造沈阳人文精神，带动文化创意产业以及旅游业的发展，讲好沈阳故事，推进建设具有文化影响力和国际影响力的国家中心城市、打造世界文化旅游名城。

第三，文商旅融合发展有利于推动沈阳文化产业的发展，打造一流品牌，形成城市名片。在《沈阳市"十四五"时期文化产业发展规划》中指出："要培育一批竞争力强、首位度高的头部企业"。❷ 文商旅融合能够实现"1+1+1>3"的效果，文化、商业和旅游共存共荣，以文化为核心，为旅游赋能，带动旅游业的兴盛，通过旅游业促进商业的繁荣，最后商业反过来丰富文化要素，三者相辅相成，形成良性的循环。这样以文化为一体，以商业旅游为两翼，能够促进沈阳文化产业转型升级，为实现"十四五"时期高质量发展提供新的发展路径和模式。在这个层面上，文商旅融合对"十四五"时期沈阳文化创意产业高质量发展具有十分重要的意义。

---

❶ 沈阳市文化体制改革和发展工作领导小组.沈阳市"十四五"时期文化产业发展规划 [EB/OL].[2021].
❷ 同上.

第一节　沈阳文商旅融合现状

沈阳的历史文化源远流长，早在 11 万年前的旧石器时代，就已经有了人类活动的痕迹，到 7000 多年前的新石器时代，创造了辉煌灿烂的新乐文化，2300 多年前建立了最初的沈阳城——斥候所。沈阳拥有 11 万年的人类活动史、7000 多年的文明史和 2300 多年的城建史，可谓历史沉淀厚重，文化资源丰富。

一、沈阳文商旅的基本面

沈阳是清文化的发祥地，"一朝发祥地，两代帝王都"，素有"千年古都"之称。沈阳作为最早的东北亚核心城市，也是东北近代化的起点，近代以来积淀了厚重的民族文化。在中国的革命、建设和改革的各个历史时期，沈阳留下了丰富的文化遗产，全市拥有各类不可移动文物 1530 余处、历史建筑 228 处；市级以上文保单位 284 处，全国重点文保单位 31 处，省级文保单位 94 处。1986 年，沈阳被国务院评为国家历史文化名城，是东北的首个国家历史文化名城。2021 年 8 月 17 日，沈阳入选为 2023 年度"东亚文化之都"候选城市。由此可见，沈阳不仅有着丰富的文化资源和鲜明的地域特色，而且对促进东亚文化交流具有引领和示范作用。

在"十三五"时期，沈阳积极实施"文化+"的发展策略，使文化事业和文化产业持续发展，文旅资源潜力得到了进一步的释放，文旅融合推动文化旅游业呈现快速发展新态势。

在《沈阳市"十四五"文化旅游业发展规划》中，对沈阳"十三五"时期的文旅发展做了总结：沈阳已经有国家级文化产业示范园区 1 家、国家级文化产业示范基地 4 家，国家级动漫产业基地 1 家，国家级文化和科技融合示范基地 1 家，省级文化产业示范园区 4 家，省级文化产业示范基地 8 家。沈阳市有国家级旅游景区 116 家，省级旅游度假区 3 家，旅行社 317 家，星级饭店 50 家，星级民宿 62 家。"十三五"期间，在文旅融合背景下，旅游产业实现跨越式发展，旅游总收入和旅游人数等数据逐年递增，2019 年全市旅游总收入达 875 亿元，接待游客 9510 万人次，同比增长 15.3% 和 15.2%，再创历史新高。❶根据沈阳历史和城市空间格局发展的脉络，已经初步形成了历史文化、红色文化以及工业文化三条文化主线。

2021年上半年，沈阳市上半年规模以上文化及相关产业企业依然稳步增长，发展形势整体向好，营业收入和文化单位数量实现了双增长。2020年，文化产业营业收入共140.6亿元，增速为41.8%，比2019年上半年增长4.2%（表4-1）。在深化"文化+"的战略下，沈阳市文商旅融合取得一定的成效，文化产业发展态势良好，除文化批发和零售业营业收入有略微下滑外，其余均呈现增长趋势。其中文化服务业在文化产业中占据主体地位，营业收入、企业数量以及从业人数都是最多的（表4-2）。

表4-1 2020年文化产业营业收入对比

文化产业类型	营业收入（亿元）	同比增长（%）	较2019年同期增长（%）	所占比重（%）
文化制造业	19.6	36.3	2.8	14
文化批发和零售业	53.6	37.3	−0.2	38.1
文化服务业	67.4	47.2	8.3	47.9
总计	140.6	41.8	4.2	100

资料来源：沈阳市统计局数据整理而成。

表4-2 文化企业数量对比情况

文化产业类型	2020年全年单位数（家）	2021年上半年（家）	增长（家）	从业人数（人）	所占比重（%）
文化制造业	34	37	3	3338	11.4
文化批发和零售业	72	82	10	5185	25.3
文化服务业	184	205	21	24662	63.3
总计	290	324	34	33185	100

资料来源：沈阳市统计局数据整理而成。

从文化产业的九个大类来看，创意设计服务和文化传播渠道两大类在沈阳市文化产业中居于领跑地位。2021年上半年，创意设计服务和文化传播渠道两大类规模以上单位共有148户，实现营业收入合计74.2亿元，占全市文

---

❶ 沈阳市文化旅游和广播电视局. 沈阳市"十四五"时期文化旅游业发展规划[EB/OL].[2021-08-25].

化产业营业收入比重的 52.7%，同比分别增长 81.9% 和 49.2%（表 4-3）。

表 4-3　2021 年上半年文化产业九大类主要指标情况

文化产业类型	单位数量（家）	营业收入（亿元）	同比增长（%）	占营业额比重（%）
全市	324	140.6	41.8	100
新闻信息服务	22	8.0	18.7	5.7
内容创作生产	52	20.4	33.0	14.5
创业设计服务	81	31.1	81.9	22.1
文化传播渠道	67	43.1	49.2	30.6
文化投资运营	2	0.1	156.3	0.07
文化娱乐休闲服务	8	1.4	86.4	1.0
文化辅助生产和中介服务	48	13.0	30.8	9.2
文化装备生产	10	2.8	-8.9	2.0
文化消费终端生产	34	20.8	19.7	14.8

资料来源：沈阳市统计局数据整理而成。

综上所述，文商旅融合发展在沈阳已经有一定的基础规模。

二、沈阳历史文化文商旅现状

沈阳有丰富且多元的历史文化资源，包括史前文化、辽金文化、满清文化等，具有独特的地域性和历史性特征，这些历史文化资源共同构建了沈阳历史发展中丰富多元的文化景象。据统计，目前有迹可寻的沈阳市历史文化资源情况如表 4-4 所示。

表 4-4　沈阳市历史文化资源情况

名称	数量	所在区域
史前文化新乐遗址	1 处	皇姑区
辽金文化遗址	10 余处	康平法库境内
清王朝历史文化遗址	40 处	沈河区最为密集
民国文化遗址	145 处不可移动文物建筑	和平最为密集

注　历史遗迹所在区域除表格中所体现的集中分布区域外，大东、皇姑、于洪、沈北、浑南区均有零散分布。

资料来源：由走访调查沈阳市文物局、自然资源局、各区区委所拿到的数据整理而成。

"十三五"时期,在历史文化主线方面,沈阳已经取得了一些成绩,沈阳各区针对自己辖区内的文化资源特色,积极落实"文化+"新动能的决策部署,结合各区区情实际,突出文化赋能,以沈河区、和平区为代表,加速推动传统业态裂变升级,使"文化+"成为中心城区高质量发展的鲜明导向,并初见成效。

(一)以重点项目为抓手,进一步加深"文化+"的深量

沈河区挖掘利用清文化历史文化资源,围绕42处历史文物遗迹(其中国家级3处,省级7处,市级22处),推进文商旅融合发展。沈河区强化历史文化基础与创新融合,进一步加深"文化+"的深量,将"盛京皇城"作为重点项目开发,发展南三经街文化产业带,除此之外,对沈阳方城中的民国时期文化建筑进行修缮以再现民国历史,形成"一城一府",用清文化赋能皇城特色,用民国文化赋能民俗特色(表4-5)。

表4-5 沈河区方城内民国建筑

名称	级别/类型	功能
张氏帅府	国家级	博物馆
东三省官银号旧址	省级	中国工商银行
奉天基督教青年会旧址	省级	基督教培训中心
沈阳中街	市级	商业街
利民商场旧址	不可移动文物	沈阳春天商场
奉天商务总会旧址	不可移动文物	沈阳市工商业联合会
同泽女子中学旧址	不可移动文物	沈阳市第三中学
满铁奉天公所旧址	不可移动文物	沈阳市少年儿童图书馆
奉天警察署旧址	不可移动文物	沈河区公安分局

资料来源:由走访调查沈阳市文物局、自然资源局、沈河区区委所拿到的数据整理而成。

目前沈阳推进了中街等58条商业街升级功能业态,打造了中街国家级高品质步行街、民国特色文化胡同、南三经街文化产业特色街区等一系列文化品牌;同时,沈阳故宫和张氏帅府以创意文化产业为导向,积极研发文创产品,带动经济增长,用商业丰富文化。

（二）立足丰厚文化资源，打造文商旅融合片区

沈阳市和平区也针对本辖区范围内的历史文化资源进行了开发利用。在和平区主要展现的是民国时期的文化，目前沈阳市和平区共有145处不可移动文物建筑（其中国家级15处，省级14处，市级37处，区级79处）。

和平区历史文化资源主要集中在中山路沿线和北市场。中山路历史文化街区位于沈阳市满铁附属地历史城区北侧，规划范围西至长大铁路、东至和平大街，中山路沿线南北各一个街区，包括沈阳站、中山路、中山广场等节点。街区拥有11项19处文物保护单位（包括：奉天驿旧址及广场周边建筑群、中山广场周边建筑群2项10处全国重点文物保护单位，奉天邮便局旧址等4项4处省级文物保护单位，陈云旧居等5项5处市级文物保护单位，以及32处39栋历史建筑等）。中山路历史文化街区是沈阳市三个省级历史街区之一，也是近代历史资源极为丰富的历史街区之一，能够集中展现北方城市民国风貌的地区。中山路沿线的建筑形成一个巨大的民国风格建筑群体，并且和抗战文化交织在一起，全方位地展现了民国时期的历史风貌。需要指出的是，在1912—1949年，中山路的历史传统文化是与抗战文化是交织在一起的，因此有一部分建筑具有双重文化主线的性质。

北市场地处沈阳市和平区北部，是近代工业遗址、商埠地的集中地，沿街商业呈现出本土关东风格以及近代商埠地风格。在这里有着丰富的老字号商业，集中体现了民国时期的大众娱乐与民俗风情。这里的建筑极具特色，兴起之初是为振兴民族商业，但建筑形式受到了外来文化的影响，原有的沈阳传统建筑特色与西方古典建筑风格发生碰撞，逐渐形成了内中外洋的建筑形式。

和平区在深入挖掘、系列梳理历史文化资源的基础上，在空间上形成以中山路为轴，涵盖太原街、北市场、南市场等重点商圈，开发出文化项目——"和平代码"，初步打造成文商旅融合片区。根据北市历史文化特色，将具有380余年历史的老北市重新改造升级，旧貌换新颜，进行文商旅融合发展，在这里可以品尝美食、观赏灯光大剧、参观特色博物馆，感受民国风情。整体来看，文商旅融合发展使得这一片区具备了5A级景区的潜质，而且与中山路的升级改造相结合，有利于推动沈阳成为世界级旅游目的地。

沈阳促进文商旅融合，产生巨大合力，用"文化+"为沈阳经济的发展赋能，将沈阳的文化资源转变为经济资源，文化优势转变为发展优势和竞争优势，为"十四五"时期沈阳文化创意产业的高质量发展奠定了良好基础。

三、沈阳红色文化文商旅现状

沈阳这座城市有着深厚的革命传统，沈阳是中国人民抗日战争的开始和结束发生地。十四年抗日战争的第一枪在沈阳北大营打响，中国共产党第一份抗日宣言在沈阳中共满洲省委旧址发表，最后一批日本战犯的审判更是在沈阳落幕。沈阳积淀了丰富的红色资源和珍贵的爱国主义教育素材，现有重要意义的抗战历史遗迹 50 余处（比如"九·一八"历史博物馆、沈阳二战盟军战俘营旧址陈列馆、沈阳审判日本战犯法庭旧址陈列馆、东北陆军讲武堂旧址、中共满洲省委旧址纪念馆、中山广场建筑群、北大营营房旧址等），形成了独一无二的抗战文化。

依托这些丰富的抗战文化资源，沈阳在深入挖掘、系列梳理红色文化资源的基础上，策划形成了"和平代码"文化项目，迈出了红色文商旅融合的脚步。

目前，已经公布了首批包括奉天驿旧址、满铁奉天地方事务所旧址、奉天邮务管理局旧址、辽宁总站旧址、沈阳馆旧址、"九·一八"之夜日军炮轰北大营的发炮地点、王铁汉旧居、中共满洲省委旧址纪念馆、大安烟草公司旧址、大和旅馆旧址、中山广场历史建筑群和关东军司令部旧址在内的十二个点位。对于"九·一八"事变、十四年抗日战争及世界反法西斯战争的历史风云，根据发生在和平区的相关重大事件的内在逻辑，将真实记录这些事件的现存文物、老建筑和相关旧址遗迹串联起来，从时间、地点、人物、史实等方面，进行实景溯源。同时，结合国家重大革命纪念日，举办相应的纪念活动，如每年 9 月 18 日，为纪念"九·一八"事变，会进行相关纪念活动。2015 年，为纪念世界反法西斯战争胜利及中国人民抗日战争胜利 70 周年，推出了"铭记历史，珍爱和平——百万市民抗战印记之旅"活动；2019 年，为纪念中华人民共和国成立 70 周年，举办了首届"沈阳抗战文化之旅"。

四、沈阳工业文化文商旅现状

沈阳的工业文化底蕴深厚,具有得天独厚的资源优势,素有"共和国工业长子"的美誉,在中华人民共和国的工业发展史上占有重要地位,重新擦亮这张文化名片,加快文化产业高质量发展,促进文商旅深度融合,是实现沈阳新一轮全面全方位振兴,推动区域文化创意中心和国家中心城市建设的重要抓手。

沈阳的工业文化在空间上主要集中在铁西区,大东区也有零星分布,整体呈现出"一轴两带"、文商旅融合发展的总体格局。"一轴"以重工街为起点,沿北三路、沈阳站、中山路、小西路、中街路、小东路、珠林路至新开河,形成沈阳近现代工业历史文化观光主轴线。"两带"一是卫工街现代工业文化带,以铁西区卫工街、卫工明渠沿线为核心;二是大东路民族工业文化带,以大东区大东路沿线为核心。

"十三五"时期,沈阳工业文化主线在发展中集聚了"文化+"新动能,促进文化产业与科技、旅游产业融合发展。以深化文化和科技融合,建设国家级文化和科技融合示范基地为契机,逐步形成文化科技创新"一区多园"的发展格局。目前,沈阳已经形成了一批文商旅融合的工业文化创意综合体,例如,由沈阳重型机械厂改造而成的1905文化创意园,每年举办各类活动百余场,年客流量达60余万人次;在红梅味精厂基础上改造而成的万科红梅文创园,集合多种公共服务及商业业态于一体,宝马、蒙牛等工业文化旅游景区也成了网红打卡地,"沈阳铸造厂"更是入选国家工业遗产名录。

"十四五"时期,在沈阳文商旅融合中,我们应当秉承以人为本、延续文脉、创意融入和可持续发展的理念,利用这些文化资源,建设区域性文化创意中心,强化文化对产业的赋能作用。在文商旅的融合发展中我们应当充分发挥沈阳的文化资源优势,深耕厚植,进而重塑城市文化地理,提升沈阳的全域体验,培育更具有活力的市场主体,在科技的支持下引导文化消费,加快把我市建设成为历史文化与人文风情交相辉映的现代化大都市,成为东北亚重要的文化创意内容生产中心、产业融合中心、休闲体验中心和人才集聚、文化交流高地。为助力我市"一枢纽四中心"建设、国家中心城市建设、世界文化旅游名城建设做贡献。

第二节　沈阳文商旅融合存在的问题及原因分析

"十三五"时期，沈阳市文化产业取得了较好的发展，三条文化主线已经初步形成，沈阳各区聚焦"文化+"新动能，用文化引擎经济发展，积极转变经济增长动能，文商旅融合发展在深度和广度上也在不断加深拓宽。发展的同时，我们也应该看到，沈阳文化创意产业的发展还存在诸多问题，文商旅的融合发展还存在一定的差距。

《沈阳市"十四五"时期文化产业发展规划》中将沈阳市文化产业发展中的问题总结为六点：一是文化产业份额不足，还没有达到全面小康社会要求的文化产业增加值占GDP比重5%的目标，对全市产业增加值贡献偏低；二是文化产业管理体制尚未理顺，存在多头管理的现象，各部门之间职责不明确，权责交叉、重叠，在推动文化产业发展过程中尚未形成合力；三是市场主体规模偏小，全市规模以上文化产业单位290家，仅占全部文化产业单位的1.8%，头部文化企业数量较少，上市及新三板挂牌文化企业仅有6家；四是以数字化、网络化、智能化为基点的文化产业共性关键技术还亟待突破，产业数字化、数字产业化还处于起步发展阶段；五是人才队伍仍是短板，文化产业高层次、专业技术人才、领军型人才尤为缺乏；六是文化资源与文化产品开发结合不够，文化衍生品数量不多，文化资源优势还没有充分转化为产业优势。"[1]具体到沈阳三条文化主线来看，文商旅融合发展所存在的问题和原因有共性也有个性。

一、历史文化文商旅问题分析

经过"十三五"时期的发展，以历史文化为主线的文商旅融合已经初显成效，打造了"盛京皇城"文化旅游区，沈河区中街国家级步行街，和平区老北市旅游片区和中山路欧风街、奉天巷"盛京风情街"奉天老街文创街区，大东区大东路旅游片区和吉祥步行街、堂子庙巷，皇姑区环北陵新乐历史遗迹旅游片区等，但在发展中也存在着问题与不足。

---

[1] 沈阳市文化体制改革和发展工作领导小组.沈阳市"十四五"时期文化产业发展规划[EB/OL].[2021].

首先，沈阳历史文化资源的挖掘和利用程度不够。沈阳有着丰富的历史文化资源，这些资源是推动文商旅融合、文化创意产业高质量发展的宝库。受历史时代条件以及社会经济因素等各方面的影响，我们对这些资源还没有进行深层次的开发。许多历史遗存深埋于地下，缺少系统性的研究挖掘；许多历史记忆也被灰尘掩盖，缺少条理性的梳理研究；已经发掘的历史文物遗迹还停留在浅层，缺少深度的文化解读。同样，沈阳丰富的非物质文化遗产也没有充分挖掘利用。沈阳有着220多个市级以上非遗代表性项目，沈阳不仅是满族文化的重要载体，更是锡伯族、朝鲜族、回族等少数民族文化的集中地。这些少数民族的非遗项目具有独特的文化资源潜力，但在文商旅融合发展中已经挖掘利用且形成规模的并不多见。目前，对沈阳历史文化、传统文化、民俗文化、关东在地文化的研究，以及历史街区、历史建筑、历史事件、历史人物、历史风俗、历史场景的梳理还不够全面，没有形成一个完整的体系。我们应当梳理沈阳历史文化脉络，深刻阐发历史文化资源蕴含的历史和社会科学内涵，让文物遗迹产生更大的综合价值。

其次，已有的历史文化景区、园区、基地的空间结构不够完善。中街皇城旅游区虽然已经完成初步的改造工程，但空间结构依然是简单的"一"字型，空间延展性不强，区域人流动线路规划还不够合理，游客经常会走断头路、回头路。同时，区域内清文化线路、民国文化线路以及现代商业线路错综交叉，游客很难找到清晰的游览路线。从盛京方城延伸到张氏帅府再到南三经街文化产业带，以及展现民国文化的中山路建筑群和北市场都存在空间布局不够完善的问题，虽然"和平代码"首批十二个点位将这一区域有代表性的建筑进行了规划，但依然比较零散，尚未形成完整的空间布局。

最后，在文商旅融合中市场化运作不够。多个城市文商旅融合发展的成功经验就是在开发中进行市场化运作。我们应该借鉴北京798艺术区经验，积极利用存量资源发展文化创意产业园等文旅融合业态。对于本土文旅企业，特别是中小微企业的孵化培育扶持力度还需进一步提高。在发展中我们还没有形成成熟的文化品牌和运营模式，"文化+"的深度和广度不够，有待研发推出高质量的文旅产品。

二、红色文化文商旅问题分析

从目前沈阳红色文化文商旅融合情况来看，沈阳红色文化创意产业的发展还需要升级，挖掘利用还不够深入，文商旅有一定的融合，但没有形成规模经营，也还没有打造出具有代表性的红色文化产业。

全国许多省份都有自己知名的革命圣地，形成了独具风格的红色文化教育基地，打造出了"教育＋党建＋旅游"的现代文化产业。比如陕西延安、河北西柏坡、重庆等，发展得风生水起的当属江西。江西省利用井冈山、瑞金等地丰富的红色资源打造出全国知名的红色教育和旅游产业，2019年还举办了全国红色旅游博览会，红色旅游已经成为江西省经济发展的动力之一。红色是井冈山市的城市名片，中华人民共和国成立70周年庆典上江西彩车的标志就是井冈山。井冈山市"红色治理法"入选"2019中国改革年度案例"。2019年井冈山全年接待游客1932.14万人次，旅游收入160.3亿元，旅游门票收入1.21亿元。红色培训影响力保持全国领先，《红色教育培训服务规范》列入第四批推荐性国家标准制修订计划，举办培训班7300期，培训学员43.57万人。[1]

而同样拥有丰富抗战文化资源的沈阳，还没有把优厚的资源利用好，源于以下几个原因：

首先，红色文化的宣传力度不够。日本侵华是从东北开始的，沈阳见证了日本对整个东北地区的侵略和蹂躏，无数的革命先烈也在这里抛头颅、洒热血，留下了可歌可泣的抗日事迹，积淀了丰富的抗战文化资源，在全国首屈一指。但对于抗战文化的宣传常常忽略了1931—1937年这6年东北黑土地的抗战历史，这既与沈阳前些年没有大力推出自身的红色文化有关，也与近些年宣传力度、方式、路径没有创新有关，沈阳自身的红色文化优势没有充分进入大众的认知层面。

其次，对于现有红色文化资源的开发利用不够。打响抗日战争第一枪的北大营营房旧址，仍需完善、修复以及进一步的开发；列为国家级抗战纪念设施、遗址名录的"九·一八"历史博物馆、沈阳二战盟军战俘营旧址陈列

---

[1] 井冈山市人民政府. 井冈山市2020年政府工作报告 [EB/OL]. [2020].

馆、沈阳审判日本战犯法庭旧址陈列馆设施和服务还需进一步提升；中山广场建筑群大都用于商业开发，维护方面也显得不足。沈阳抗战文化的表现形式不仅有物质形态的历史遗迹遗址，还有作为意识形态的鲁艺精神和红医精神，而沈阳的鲁艺精神和红医精神还有很大的挖掘空间，如何用创新的形式传承鲁艺精神和红医精神，打造沈阳红色文化主题，需要更多的研究和探索。

最后，沈阳红色文化没有形成一个完善的系统。我们在开发打造沈阳红色文化时缺少一个整体的框架和系统，围绕抗战我们每年都会举办一些活动（例如：抗战纪念地打卡，开发红色旅游线路，邀请革命英雄讲述抗战故事等），但大都各自为战，没有将这些资源整合集成，形成合力，放大抗战文化的功能，进而形成品牌效应。此外，沈阳红色文化主线这个系统的细分领域问题重重，如红色文化育人的形式比较单一。参观红色文化纪念馆时，大多数是依照参观路线指示，参观照片、实物、文字介绍，或跟随讲解员边走边看边听，观众获取的更多的是静态的感受，仅仅是作为一个新时代的后人在看先烈的英雄事迹，并没有沉浸其中，真正和先烈同频共振。

三、工业文化文商旅问题分析

沈阳的工业文化文商旅发展地相对比较成熟，工业文化主线在发展中集聚"文化+"策略，促进文化产业与相关产业融合发展。打造了1905文化创意园、红梅文创园等一批工业文化创意综合体，形成了宝马、蒙牛等工业文化旅游景区网红打卡地，但依然存在许多短板：

首先，工业文化资源的挖掘还不够充分，对工业文化资源没有做到很好的统筹协调。沈阳是中国重要的重工业基地，在中国特色社会主义改造和建设史上，以及工业发展史上都占有十分重要的地位，有"共和国的长子"之称，在历史发展中遗留了大量的工业文化资源和爱国主义教育基地。但这些宝贵的工业文化资源随着东北经济的走低而一度被人们遗忘。近年来，在文商旅融合发展的驱动下，沈阳工业文化资源焕发了新的生机。工业文化的地标以及工业文化背后的个人、家庭、企业的历史故事都还没有得到充分的挖掘，工业文化背后所反映的"劳模精神""工匠精神"还缺乏行之有效的提炼和升华。在工业文化资源的整合上同样还没有做到统筹与协调，工业文化遗迹零星散落，没有形成系统的工业文化资源库。因此，在工业文化资源的开发利用中没有形成系统完整的体系，有时会出现同质资源之间的竞争，工业文化资源的合力效应并没有得到发挥。

其次，对已有工业文化资源的开发利用比较单一，创新力度不够，"文化+"还需拓宽深度与广度，应该推进"文化+旅游""文化+科技""文化+创意设计""文化+装备制造"，形成文商旅融合新业态，相关的文化产业新业态、新模式还有待进一步开发。在工业文化资源的开发利用上，目前还没有形成生态完善的文化产业片区，工业遗址改造、老旧厂房改造以及工业现成品改造还需进一步加强。用文化赋能旅游，实现文旅融合发展还不够，文化旅游路线的设计、营销、服务等各个维度与发达城市相比依然短板突出。铁西区现代工业文化之旅、大东区民族工业文化之旅以及当代工业文化研学之旅需要进一步去开发，文化创意商品、工艺主题的文艺创作也急需开发。文商旅融合发展贵在创新，应该构建以企业为主体、市场为导向、产学研结合的创新体系，强化金融创新功能，创新人才培养与引进机制。

最后，对工业文化资源的开发利用还没有形成品牌，未能成为沈阳城市名片。沈阳的工业文化在全国城市中是颇有特点的，但是工业文化却没有能够成为沈阳的城市名片。具体原因有三点：一是以工业文化资源为元素的城市景观设计还比较欠缺，缺少相应的色彩、符号等来提升工业文化城市的视觉识别度以及品牌特色；二是城市的建筑空间还需规划完善，城市的硬件设施需要升级，应当增设与工业文化主题相契合的基础设施，工业文化主题的公园、雕塑、涂鸦等也应升级改造；三是对于工业文化的宣传和营销也存在不足，新媒体平台的建设和营销力度需要加强，应当与大流量新媒体平台、网络达人合作来提升新媒体营销力度，出台一些政策，来吸引国内新媒体策划、营销以及内容生产领域的一流人才。

第三节　沈阳文商旅融合发展对策

"十四五"时期是沈阳文化产业发展的重要历史机遇期，一方面党和国家为文化产业发展提供了有利政策环境，另一方面信息技术革新为文化产业发展提供了转型升级的更多可能。虽然2019年以来，海外市场收缩，居民预期收入降低，很多经济领域遭受冲击。但新的形势下，在危机中能够孕育先机、于变局中可以开出新局，笔者针对沈阳三条文化主线文商旅融发展中的问题和不足，提出相应的对策，努力推动沈阳"十四五"时期文化产业的高质量发展。

一、沈阳历史文化文商旅融合发展对策

（一）实施文化固本工程，展现城市历史记忆

通过对历史文化研究固本守正，深化梳理沈阳历史文化资源，提炼出历史文化资源中未曾中断、一脉相承的沈阳城市文化内涵，塑造沈阳核心人文精神，从而推进地方优秀传统文化创造性转化与发展。

第一，加强城市文化研究，建设历史文化基因资源库。对丰富的历史文化资源进行系统的梳理和整合，挖掘出优秀文化故事，推出一批优秀研究成果、普及读物和新媒体产品。将整合后的资源建立成沈阳历史文化基因资源库，建立数字化虚拟展馆，成立沈阳市文化创意中心研究院、沈阳市文化创意品牌推广中心、沈阳市文化创意人才智库。

第二，布局城市历史文化地标，保护性开发历史文化遗产。对文化遗产遗址、历史文化街区、名人故里、历史建筑、古镇古村等进行引导性、约束性、保护性规划。对石佛寺城址遗址公园、新乐遗址公园、盛京皇城、老北市旅游片区等13个片区进行综合保护利用，对辽河国家公园、金沙滩国家沙漠公园、陨石山公园等自然遗产进行保护性开发。

第三，厚植文化传承。以城市记忆为素材，建设"百馆之城"，梳理挖掘百件宝物、讲好百个故事，丰富服务内容，在此基础上打造"博物馆+特色街区"微线路。推动非遗文化振兴与创新，加强非遗传习基地建设，推进综合性非遗博物馆、非遗特色街区、非遗产业园区、非遗知识产权交易中心建设，创新传统文化表达，传承优秀传统文化。依托文化和自然遗产日、重要传统节会等，合作举办各类历史文化主题展演活动。用科技赋能并促进历史文化资源转化，讲好城市故事，推出有代表性、有匠心的历史文化文创纪念品。

（二）实施行业引领工程，构建特色文旅、文创产业体系

第一，推动历史文化题材文艺作品繁荣发展。要紧紧围绕打造"盛京文艺"品牌，实施"文艺登峰"工程，进而推出国家级获奖作品。在文商旅融合发展中支持各类历史文化题材的文艺创作发展，要加强历史题材传达正向价值观的创作生产，加强艺术人才培养。此外，积极培育文旅融合演艺项目，发挥沈阳市在戏曲、曲艺、杂技等方面的品牌优势，丰富演出产品，培育网络演出平台，壮大演出市场，形成线上线下演艺消费新格局。依托沈阳老牌文化团体及老字号文化企业，发挥沈阳音乐学院的资源优势，推动音乐文创产业发展。

第二，打造休闲沈阳，创建可游、可居历史文化名城。一是要优化旅游市场供给，依托沈阳历史文化资源发展特色主题旅游，推出城市旅游精品线路，激活文旅体验经济，形成新的消费增长点。加强沈阳文化和旅游资源开发，培育历史文化遗产新型文化和旅游业态，优化文化和旅游产品、服务供给体系。二是要创新旅游推广体系，要推动旅游资源要素互通互联。推动航空、航运、高铁联程联运从而吸引省外、境外游客旅游观光、度假旅行，以拓展沈阳作为东北亚中心城市的旅游推广力度。要促进信息沟通，产品开发、市场营销、游客互推等合作常态化、机制化。要加强数据和业务管理的互联互通，动态更新文化和旅游活动与产品分类目录，建设智慧文化旅游平台和多元化国际传播平台。三是完善旅游市场发展环境，提升旅游产品和服务竞争力。利用信息科学技术的发展，加强大数据、云计算、人工智能等技术的综合应用。

（三）实施跨界融合工程，增强文化创意体验

在文商旅融合发展中要加强重点领域建设，强化科技和文化赋能，完善产业链条，加快构建富有核心竞争力和沈阳特色的文创产业体系，促进文创与科技融合。持续推进国家文化和科技融合示范基地建设，广泛应用科技创新成果推动沈阳历史、沈阳技艺、沈阳传说、沈阳风俗等文化具象化。

通过以上对策，依托历史文化资源，通过文商旅融合发展助力沈阳"十四五"时期文化创意产业的高质量发展。提升重点景区、重点文创园区，打造出更多标志性的文化项目，让文化市场发展活力充沛，能够涌现具有影

响力的精品示范项目和示范区。随着文化创意意识深刻融入产业发展和城市生活，全社会文化创意潜能得到有效激发，文化创意消费将实现大幅度提升，文化传播也将深入人心。

二、沈阳红色文化文商旅融合发展对策

第一，深度挖掘沈阳现有的红色文化资源，不仅包括历史遗迹，也包括鲁艺精神和红医精神。对于有重大历史意义的遗址要进行修缮和维护，如北大营营房旧址是中国抗战打响第一枪的历史见证者，具有重要的历史意义，应该加强维护和修缮。对于现有的已经开放的纪念馆、博物馆在进行设施的维护的基础上，开发更多的功能，帮助观众在参观时真正深入其中，有所想、所感、所悟。将鲁艺精神和红医精神与历史遗迹结合起来，形成合力，更好地育人。

第二，在深度挖掘现有资源的基础上打造抗战文化红色教育基地。在文商旅融合过程中要打破之前各自为战的局面，把红色文化资源进行系统整合。以现有的国家级抗战纪念设施为依托，结合抗战精神、鲁艺精神、红医精神，将英雄人物事迹、著名战斗场景通过不同的形式展现出来，使参与者在基地中能够全方位、多角度、深层次的接受"沉浸式"教育——吃在一起，住在一起，学在一起，真实地感受东北红色文化的魅力，真正地接受一次洗礼。

第三，在红色文化教育基地中，开展多种形式的活动，彰显沈阳独特的红色文化。用好红色历史遗址这个天然的课堂和鲜活的教材，打造以现场体验为主，辅助以专题式、体验式、演出式、音响式、访谈式、演讲式、歌唱式等多种体系并存的红色文化教育基地。对于基地师资力量的建设，也要加大投入，通过有效的奖励机制，选拔优秀的人才加入团队，不断提升基地的质量。打造出"教育＋党建＋旅游"的现代文化产业，在红色教育基地的基础上，进一步拓宽红色旅游发展路径，建设红色旅游融合发展示范区，建设出红色旅游的景点景区，为沈阳经济的腾飞插上翅膀。

第四，加大宣传的力度。在整合建设红色文化教育基地的同时，加大对于基地的宣传力度。从沈阳开始普及宣传，进而是全省，周边省市，最后走向全国，打造出红色文化教育基地，形成"教育＋党建＋旅游"的现代文化

产业体系，拓宽红色旅游发展路径，将文化资源转为经济效益。市场化的红色文化教育基地，能够促进沈阳经济的发展，带来巨大的经济效益，反过来，持续的收益也能更好地促进红色教育基地的建设，这样良性的循环发展，可以助力打造出独具沈阳特色的红色文化名片。

三、沈阳工业文化文商旅融合发展对策

第一，深挖精神内涵，梳理文化品格，统筹协调工业资源，搭建服务平台。沈阳是我国重要的老工业基地，在中华人民共和国现代工业建设中创造过数百个第一，为国家工业现代化做出过突出贡献。沈阳工业文化精神可以提炼为"劳模精神"和"工匠精神"，在对工业文化挖掘的基础上，树立沈阳奋斗、奉献、创新的城市文化品格。讲好沈阳故事，重塑城市形象，提升文化品牌，统筹协调全域，合理规划布局，避免浪费资源的同质化竞争，树立全市"一盘棋"思想。全面开展工业遗产的普查与认定工作，整合全域文商旅资源，构建公共文化大数据服务平台。打造文商旅融合性街区，建设工业文化主题性片区，推出工业旅游高品质路线。

第二，注重城市的视觉营造，配套设施要更新升级。在文商旅融合发展中注意更新城市形象，推进城市人文环境的持续改善。以系统性建设城市视觉文化为抓手，提质升级城市视觉识别设计（即通过对城市标志、色彩、符号、文化地图等进行整体设计和系统性包装来提升城市视觉文化的识别度，增强品牌特色）、公共建筑、服务设施、景观绿化和公共艺术，完善工业文商旅功能区配套基础设施。对有着重要衔接作用的街区和绿地进行改造，通过与城市道路网络相结合、林水结合、立体绿化和植物造景等方式持续改善城市景观，发挥景观绿化的生态作用，同时注意融入文化创意元素，提升城市形象，添置能够展现城市工业文化特色的公共艺术作品（雕塑、壁画、涂鸦等），强化工业文化主题，重塑城市文化品牌。

第三，活化沈阳工业文化资源，通过文化创意，强化市场开发。引导和利用工业遗址和厂房，开发更多不同主题和功能的工业文化场馆，打造工业博物馆集群，增强工业遗址改造和老旧厂房改造的体验性和趣味性，提升游客的参与感。利用工厂遗留下来的工业零部件、工业设备等工业现成品资源

进行创意开发。加强工业文化衍生商品的设计开发（包括生活日用品、服饰、家具、玩具等）。鼓励高校、科研院所、文化机构、企业与工业IP授权方合作，创意开发工业文化主题商品，培养文创人才，加强行业交流。加大力度支持以工业文化为主题的文艺创作，引导文艺创作繁荣发展。以会展为切入点，加强与文化消费、旅游消费的联动发展。

第四，壮大市场主体，引育龙头企业。充分发挥企业主体作用和行业协会、联盟等功能，引育大型文商旅企业集团，加强龙头景区、重点项目建设，鼓励工业企业开发工业旅游项目，支持具备条件的景区开展评级工作。

第五，强化文化赋能，产教协同发展。依托沈阳高校聚集优势，加强创意人才、创意产业管理人才、研究型学者的培养，构建长期有效的持续性发展体系，充分利用文化艺术人才拉动沈阳文商旅融合发展。加强文商旅专家智库建设，打造一支由政府职能部门牵头，高校及相关企业协同的专家团队，为政府政策制定、项目评估、资金补助提供专业支持。设立工业文商旅研究中心，鼓励通过科研立项及项目策划推动对沈阳文化产业的持续性研究，为政府及企业提供智力支持和人才支持。依托沈阳高校创业平台，建立工业文商旅创新孵化项目库。围绕高校发展创意产业园区，支持高校师生文商旅项目孵化。积极开展研学项目，充分发挥工业文化遗产的历史文化育人功能。

第六，推进工业文化品牌营销，扩大宣传力度。增强沈阳工业文化品牌营销力度，提升创意性与时效性，利用新媒体、新技术，精准定位，整体策划，全方位推广，塑造工业品牌形象，传播城市精神文化。

通过以上对策，依托文化资源优势，旨在打造一批特色鲜明的工业文化街区、片区，引育一批工业文化龙头企业、"拳头"项目和领军人才，推出多条工业文化旅游精品线路，改造升级"老字号"，深度开发"原字号"，提升工业文化品牌知名度和影响力，打造中国全域工业文化旅游融合创新示范区。大力支持文化与科技、工业、商业结合，促进公共文化建设和文化产业发展的数字化、智能化转型，培育壮大"新字号"，构建全域工业文化文商旅融合发展的总体格局，加强同东北亚国家及地区的文化交流，提升沈阳工业文化的国际影响力，打造东北亚工业文化创意中心，为建设东北亚文化创意中心提供有力支撑。

文化具有极强的开放性和包容性，能够在与其他产业的有机融合中相伴相生、相得益彰。文商旅融合发展，是对"文化+"战略发展的进一步深化，利用文化资源优势，与其他产业跨界融合发展，推动产业交叉渗透，从而产生更大的增值空间，是大势所趋。沈阳应该在"十四五"时期充分利用好自己的文化资源优势，对资源进行综合性的保护与开发，引入社会资本、完善旅游功能、丰富文化内涵，必将大有作为，助力沈阳文化产业的高质量发展，变文化优势为经济优势，实现沈阳经济增长动能的创新转变。

第五章　沈阳文化产业政策研究

文化产业政策是指党和国家相关职能部门为应对国际国内形势，基于文化产业发展现状，提出的对产业发展进行规范、引导、协调的政策法规。[1] 随着体验经济、美学经济和创意经济的发展，文化产业政策和创意产业政策成为各国文化政策的主流和施政重点。[2] 文化产业发达国家的普遍经验是，政府出台的文化产业政策法规对文化产业的发展具有促进作用，世界各国文化产业作为新兴产业之所以能够快速发展，正是各国政府积极推动的结果。虽然文化产业具有产业政策特殊性，但在产业经济学看来，任何一种产业都存在相应的产业政策，国家会根据不同的产业特性实行不同的产业政策。文化产业作为新兴产业的发展壮大，离不开从国家到地方的文化产业政策助力，文化产业成长为国民支柱产业，实现高质量发展更离不开文化产业政策的支持。

第一节　沈阳文化产业政策概述

对文化产业政策的广泛关注始于 1980 年，联合国教科文组织在加拿大蒙特利尔召开了关于文化产业与文化发展的会议，对文化产业的定义和分类提供了基本的政策参考。中国文化产业政策发生于 20 世纪 80 年代后，随着改革开放的开启，针对文化产业成熟过程周期长、投入资金大、回收盈利速度慢等特点，政府出台了一些相关法规，调动配置各种资源，扶持文化产业度过成长期。2002 年，党的十六大报告中第一次运用"文化产业"概念，明确提出了对于文化产业的态度："完善文化产业政策，支持文化产业发展，增强

---

[1] 熊澄宇. 中国文化产业政策研究 [M]. 北京：清华大学出版社, 2017: 13.
[2] 陈晓彦. 台湾文化创意产业政策研究 [M]. 北京：九州出版社, 2016: 34.

我国文化产业的整体实力和竞争力"。这说明，从文化产业在党的最高政治报告中明确亮相开始，就明确了文化产业政策的重要性，确认了文化产业政策对促进我国文化产业发展壮大提供最重要的保障条件。一般而言，产业政策区分为宏观产业政策、中观产业政策（如区域政策和行业政策）和微观产业政策（如企业组织政策）。限于立意，本章谈到的文化产业政策指的是中观意义上的产业政策，宏观产业政策和微观产业政策不在本章讨论范围内。

一、沈阳文化产业政策的发展历程

回望沈阳文化产业政策发展的历程，我们可以粗略地将沈阳文化产业政策划分为三个阶段。

（一）政策探索期（2005—2008年）

这一阶段，沈阳文化产业顺应全国文化产业节奏，进入起步探索期。2000年10月，中共中央十五届五中全会通过的《中共中央关于制定国民经济和社会发展第十个五年计划的建议》首次提出要"完善文化产业政策，加强文化市场建设和管理，推动文化产业发展"。可以说，2000年是中国文化产业政策的元年，此后近10年，中国文化产业的核心政策围绕着文化市场开发和动漫产业振兴展开。沈阳文化产业政策也遵循国家的政策重点而展开。特别是在文化体制改革上，沈阳经验成为当时全国文化体制改革重点宣传内容，沈阳成为全国文化体制改革先进地区。同时，沈阳也开始探索在财政、税收等各方面出台文化产业政策。2005年，沈阳出台了《关于印发沈阳市文化产业发展专项资金管理暂行办法的通知》（沈宣发〔2005〕3号）。以此为标志，沈阳正式开始实施文化产业的一系列扶持政策。这些政策为助推文化产业持续健康发展，撬动、引导和激励各类资源优化配置，以及优化文化产业发展环境提供了重要支撑。沈阳文化产业步入快速发展阶段。

（二）政策发展期（2008—2015年）

这一阶段，沈阳文化产业成为沈阳全面振兴中不可忽视的领域。为全面贯彻落实党的十七大精神，兴起社会主义文化建设新高潮，推动沈阳文化大发展大繁荣，沈阳明确提出建设文化强市的战略决策。2008年10月，中共沈阳市委、沈阳市人民政府发布《关于推动文化大发展大繁荣的决定》（沈委发〔2008〕），是沈阳最高级别的文化产业政策。2008年是沈阳文化产业政策发展史中值得标记的一年，从这一年起，沈阳的文化产业纳入沈阳全面振兴的大局中，文化从为经济搭台的配角，变为领跑沈阳经济社会发展的新角色，文化产业呈现平稳快速发展的态势。2011年，沈阳接连出台了两个文化产业的重要政策：9月，沈阳市人民政府办公厅印发《沈阳市"十二五"时期文化产业发展规划》，这是沈阳第一次对外公布的文化产业规划；12月，中共沈阳市委、沈阳市人民政府又出台了关于贯彻落实《中共中央关于深化文化体制改革推动社会主义文化大发展大繁荣若干重大问题的决定》的实施意见，沈阳文化产业成为城市经济发展的焦点。此外，这一时期，沈阳还细化了文化产业的载体建设。2012年，沈阳出台了《沈阳市文化产业示范园区、示范基地评选认定办法（试行）》（沈文广新发〔2012〕31号），2012年10月，评选出3个第一批沈阳市文化产业示范园区和12个第二批沈阳市文化产业示范基地。

（三）政策高峰期（2016年至今）

这一阶段，沈阳文化产业政策进入密集发布期。近些年来，随着文化产业作为新的经济增长点和消费热点的作用日趋显著，特别是文化产业对我国的经济贡献度越来越大，从中央到地方越来越重视文化产业的积极作用，更加注重采取各种措施扶持和引导文化产业的发展，形成文化体制改革和文化政策服务双轮驱动的动力机制。2016年是"十三五"时期的开局之年，沈阳文化产业也进入比较密集的政策出台期，据不完全统计，2016年至今沈阳出台和发布的文化产业政策总计四十余个，无论在政策覆盖的范围上，还是细分领域的深度上，都远超从前（表5-1）。

表5-1 沈阳主要文化经济政策目录

序号	文件名称	文件号
1	《沈阳市2023年文化产业振兴行动计划》	沈文改发〔2023〕1号
2	《沈阳市旅游投诉应急先行赔付快速处理暂行办法》	沈文旅广电发〔2023〕15号

续表

序号	文件名称	文件号
3	《沈阳市繁荣演出市场实施暂行办法》	沈文旅广电发〔2023〕9号
4	《沈阳市旅游业三年"倍增"行动方案（2023—2025年）》	沈文旅领发〔2023〕1号
5	《沈阳市文化旅游广电局关于印发沈阳市"十四五"文物保护利用和科技创新专项发展规划的通知》	沈文旅广电发〔2022〕28号
6	《沈阳人民政府关于印发沈阳市国民经济和社会发展第十四个五年规划和二〇三五年远景目标纲要的通知》	沈政发〔2021〕8号
7	《沈阳人民政府关于印发沈阳市新发展阶段提升科技创新能力若干政策措施的通知》	沈政发〔2021〕11号
8	《沈阳市"十四五"时期文化产业发展规划》	沈文改发〔2021〕1号
9	《沈阳市文化产业园区认定管理办法》和《沈阳市文化产业基地认定管理办法》	沈文旅广电发〔2021〕7号
10	《沈阳市文化体制改革和发展工作领导小组关于印发沈阳市促进文化产业发展考核实施办法的通知》	沈文改（产）发〔2020〕1号
11	《推动关于保护利用老旧厂房拓展文化空间的指导意见落地实施办法》	沈文改发〔2020〕2号
12	《沈阳市人民政府关于加快中心镇建设发展的实施意见》	沈政发〔2020〕15号
13	《沈阳市人民政府关于印发沈阳市5G产业发展方案（2020—2021年）的通知》	沈政发〔2020〕16号
14	《沈阳市人民政府办公室关于印发沈阳市文化旅游产业服务质量提质升级工作方案的通知》	沈政办发〔2020〕16号
15	《沈阳市人民政府办公室关于印发2020年沈阳市数字经济工作要点的通知》	沈政办发〔2020〕18号
16	《沈阳市人民政府办公室关于印发沈阳市盛京皇城综合保护利用工作方案的通知》	沈政办发〔2020〕20号
17	《关于印发沈阳市文化产业发展专项资金管理暂行办法的通知》	沈财教〔2020〕452号
18	《沈阳市人民政府办公室关于印发沈阳"16+1"经贸合作示范区实施方案的通知》	沈政办发〔2019〕25号
19	《沈阳市人民政府办公室关于印发沈阳市加快数字经济发展行动计划（2019—2021年）的通知》	沈政办发〔2019〕27号

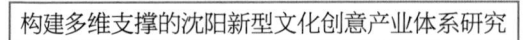

续表

序号	文件名称	文件号
20	《沈阳市文化产业园区（基地）认定命名暂行办法》	沈文改（产）办发〔2019〕1号
21	《沈阳市文化产业示范园区示范基地评选命名暂行办法》	沈文改（产）办发〔2019〕4号
22	《沈阳市政府关于推动文化繁荣兴盛的意见》	沈委发〔2018〕6号
23	《沈阳市进一步深化文化市场综合执法改革的实施意见》	沈委办〔2018〕90号
24	《沈阳市文化创意产业发展三年行动计划（2018—2020年）》	沈文改（产）发〔2018〕1号
25	《沈阳市人民政府关于印发沈阳市惠企政策清单的通知》	沈政发〔2018〕26号
26	《沈阳市人民政府关于印发沈阳市鼓励扩大投资消费促进经济发展若干政策措施的通知》	沈政发〔2018〕20号
27	《沈阳市人民政府办公厅关于进一步激发社会领域投资活力的实施意见》	沈政办发〔2018〕57号
28	《沈阳市人民政府办公厅关于印发沈阳国家级文化和科技融合示范基地工作方案的通知》	沈政办发〔2018〕122号
29	《沈阳市人民政府办公厅关于保护利用老旧厂房拓展文化空间的指导意见》	沈政办发〔2018〕104号
30	《沈阳市人民政府办公厅关于印发沈阳市推进国家知识产权示范城市建设工作方案（2018—2021年）的通知》	沈政办发〔2018〕135号
31	《沈阳市文化创意产业"十三五"发展规划》	沈文广新发〔2018〕25号
32	《中共沈阳市委 沈阳市人民政府关于印发〈沈阳市建设创新创业人才高地若干政策措施〉的通知》	沈委发〔2017〕27号
33	《中共沈阳市委 沈阳市政府关于加快构建现代公共文化服务体系的实施意见》	沈委办发〔2017〕45号
34	《沈阳市人民政府关于印发沈阳振兴发展战略规划的通知》	沈政发〔2017〕13号
35	《沈阳市人民政府关于加快建设知识产权强市的实施意见》	沈政发〔2017〕20号
36	《沈阳市人民政府关于进一步加强文物工作的实施意见》	沈政发〔2017〕38号
37	《沈阳市人民政府办公厅关于印发沈阳市发挥品牌引领作用推动供需结构升级实施方案的通知》	沈政办发〔2017〕5号

续表

序号	文件名称	文件号
38	《沈阳市人民政府办公厅关于印发沈阳市"互联网+流通"行动计划实施方案的通知》	沈政办发〔2017〕25号
39	《沈阳市人民政府办公厅关于印发沈阳市创新管理优化服务培育壮大经济发展新动能加快新旧动能接续转换三年行动计划（2018—2020年）的通知》	沈政办发〔2017〕118号
40	《沈阳市人民政府办公厅关于印发沈阳市文化广电新闻出版领域供给侧结构性改革实施方案的通知》	沈政办发〔2017〕100号
41	《沈阳市人民政府关于促进文化消费的意见》	沈政发〔2016〕54号
42	《沈阳市人民政府办公厅关于印发沈阳市乡村旅游建设实施方案（2016—2018年）的通知》	沈政办发〔2016〕35号
43	《沈阳市人民政府办公厅关于印发沈阳市发展产业金融加快东北区域金融中心建设若干政策措施的通知》	沈政办发〔2016〕90号
44	《沈阳市人民政府办公厅转发市文广局等部门关于做好政府向社会力量购买公共文化服务工作实施方案的通知》	沈政办发〔2016〕102号
45	《沈阳市人民政府办公厅关于加快发展生活性服务业促进消费结构升级的实施意见》	沈政办发〔2016〕167号

从整体上看，沈阳文化产业已经搭建起基本的政策框架，出台了一批比较有效果的文化经济政策，这些扶持政策，在提升文化产业发展质量、引导文化产业集聚、促进文化消费、推动文旅融合等方面起到了积极的作用。

二、推进沈阳文化产业政策的意义

在"十四五"时期，大力推进沈阳文化产业政策建设意义重大。

第一，推进文化产业政策建设，有利于提升沈阳综合实力和文化软实力。20世纪90年代，美国哈佛大学教授约瑟夫·奈（Joseph Nye）提出"软实力"（Soft Power）的概念，他把一个国家的经济、科技、军事实力称为"硬实力"，把文化和意识形态吸引力称为"软实力"，这两者构成国家的综合实力。他尤其指出，在信息时代，软实力正变得比以往更为突出，各国"软实力"在国家综合实力指标中占有率不断攀升印证了这一点。"十四五"

时期，是沈阳推动新时代全面振兴全方位振兴、建设国家中心城市的关键阶段，在国家中心城市创建过程中，文化建设将具有不可替代的重要作用，文化软实力作为国家中心城市的重要内涵，其涵养的共同价值观，将成为凝聚和激励沈阳各阶层群体的重要精神力量，从而为国家中心城市建设提供强大的精神动力。建设国家中心城市，实力靠经济，品位靠文化。只有推进文化产业政策建设，强化沈阳文化的吸引力、感召力和凝聚力，才能塑造沈阳的独特影响力，提升沈阳的软实力。

第二，探索文化产业政策建设，有利于促进和保障文化产业的有序与可持续发展。赫斯蒙德夫（Hesmondhalgh）在《文化产业》(*The Cultural Industries*)一书中指出，政策变迁将极大地影响整个文化产业，政策既是对社会文化、经济和技术状况的回应，也是结果，政策也是引发或抑制文化产业转型的基本因素。❶健全和完善沈阳文化产业政策，能够提高文化产业市场主体对文化产业的发展预期，增强市场主体的积极性；健全和完善沈阳文化产业政策能够调整文化产业领域社会关系，规范文化市场秩序，为产业发展奠定良好的市场环境；健全和完善沈阳文化产业政策还能为文化产业高质量发展、文化科技融合等提供制度导向和保障，用制度保障文化产业高质量发展所需的文化创意人才、文化金融、税费优惠、文化资源等发展要素，最终形成助推沈阳文化产业高质量发展的合力。

第三，探索文化产业政策建设，有利于中国文化产业政策研究。近些年，沈阳的文化产业发展并不尽如人意，2018年沈阳的文化及相关产业增加值185.8亿元，占GDP比重为2.7%。这与同年全国文化及相关产业增加值的41171亿元，及占GDP比重为4.48%的数据相比，还有比较大的差距。这个差距同样体现在沈阳文化产业政策与国内其他发达城市上，沈阳文化产业政策在政策研究、执行、评估等各个维度都存在比较大的短板。如果能在"十四五"这个全新的开局中整体提升沈阳文化产业政策水平，将会成为中国文化产业政策研究的一个鲜活样本。

---

❶ 大卫·赫斯蒙德夫.文化产业[M].张菲娜,译.北京:中国人民大学出版社,2007:154.

第二节　沈阳文化产业政策存在的问题

目前，国内文化产业政策方面的研究大多集中在文化产业发展体制机制理论、产业政策的理论基础研究、国内外政策比较、政策执行绩效评估等方面，对区域的具体文化产业政策的研究较少。因此研究沈阳文化产业政策，在分析政策存在问题的基础上，提出解决方案，既可以进一步拓展文化产业政策研究的范围，也可以为沈阳"十四五"时期文化产业的高质量发展提供参考依据。

一是对沈阳文化产业中薄弱产业的政策保护和扶持力度不够。文化产业包含各种门类产业，作为文化产业政策重要内容的文化产业结构政策，其中一个主要内容就是对发展薄弱的产业进行保护，对衰退的产业进行调整，如国家对动漫产业、电影产业、游戏产业都有比较精准的政策倾斜。但沈阳"十三五"以来出台的文化产业政策更多着眼于宏观政策，对于具体业态鲜有出台针对性的政策。比如，动漫业，沈阳曾设立专门的产业扶持基金，制定相关的优惠政策大力扶持游戏动漫企业，如沈阳市人民政府办公厅发布的《沈阳市"十二五"时期文化产业发展规划》中，将动漫制造业作为重点产业加以规划，明确提出要进一步做大做强浑南动漫产业集聚区。要加大政策和资金的扶持力度，引入世界500强文化企业，如梦工厂及好莱坞地区知名动漫企业，启动沈阳动漫研究院、沈阳动漫城项目，加快版权交易平台建设，形成全国一流的动漫产业研发、孵化、生产、制作基地和动漫产品发布、展示、交易中心，确立沈阳动漫产业在全省和东北地区的主导地位。在各种政策利好下，沈阳动漫行业的发展曾经取得一定的成绩。2004年，沈阳投资8亿元打造了沈阳动漫产业基地，2008年，制作完成了7000分钟的原创动画片，占全国当年全部原创动画片产量的十分之一以上。但是在接下来的十多年间，无论是在2018年的"十三五"规划，还是2021年的"十四五"规划中，抑或是官方出台的各种政策中，对动漫产业的政策支持日趋稀薄。到今天，沈阳动漫公司已经由2008年鼎盛时期的百家企业缩减到十几家。除了大的经济环境问题、动漫产业自身问题之外，不得不说在动漫产业政策方面也存在缺乏跟进型的政策研究，应不断根据产业的发展变化出台因地制宜的支持性政策。

二是沈阳文化产业政策的针对性不足。纵观中国文化产业政策发展史，可以看出其制定逻辑始终围绕文化产业发展问题而展开。从 2000 年左右围绕文化市场开发和动漫产业，解决的是文化的产业化、市场化问题和扭转境外对中国动画市场倾销问题；2009 年围绕文化金融，解决金融危机后文化企业投融资难问题；2019 年围绕文化科技融合，解决文化企业科技创新问题。因地制宜制定各项文化产业政策措施的做法值得沈阳借鉴学习。

三是政策的协同性、系统性有待提高。在国家统计局颁布的《文化及相关产业分类（2018）》中，将现阶段文化产业划分为新闻信息服务、内容创作生产、创意设计服务、文化传播渠道、文化投资运营、文化娱乐休闲服务、文化辅助生产和中介服务、文化装备生产、文化消费终端生产 9 个大类。沈阳文化产业以新闻信息服务、文化传播渠道、文化娱乐休闲服务等传统文化产业为主，这些行业类别往往归属的职能管理部门众多，以市级单位为例，涉及市委宣传部、文化旅游和广播电视局、商务局、科学技术局、工业和信息化局、财政局、自然资源局、统计局、金融发展局、体育局等。相关部门只能根据各自职能管辖范围出台政策，如出台文化科技融合、文化金融等跨领域政策必须协同各管理部门，由于各部门之间，包括省级和市级、市级和区级的管理部门之间协调不畅或统筹不力，常常会导致政策藩篱，各部门资源条块分割，扶持政策和资源相对分散，甚至出现省市区政策把握不一致，甚至还出现个别政策抵牾现象，难以形成政策合力。另外还存在上级管理部门对下级部门实行一刀切式的任务考核要求，罔顾各行政区域截然不同的产业发展条件和发展特点，导致个别管理部门制定政策受到行政力量的干扰，无法制定出真正有利于文化产业高质量发展的科学政策。

四是政策效能有待科学评估。文化产业政策既是理性认知的产物，同时，也要靠实践进行检验。在过去的近 20 年间，沈阳文化产业政策鲜有对政策的准确性、可得性、透明度等进行评价和探讨。在政策执行中，也没有对政府的经济性、效率性、效益性通盘考量，更没有建立起回应文化企业主体、文化消费者需求和处理投诉监督的双向信息沟通渠道，在文化产业政策执行效果监督方面也没有形成系统立体的绩效评价制度，现行的文化产业绩效考评还停留在简单量化打分阶段，没有更细致地考核各区域文化产业发展的潜能和质量。

此外，沈阳文化产业政策还存在政策设计不足、执行机构权责不清、目标群体对政策认知不足、政策环境有待改善等问题，都需要在"十四五"期间予以改进和完善。

第三节 沈阳文化产业政策发展对策

一、站在宏观的层面，更加重视文化产业政策的重要作用

文化产业发展历程与文化产业政策直接相关，文化产业政策呈现出一个动态调整的过程，不同时期有不同的政策聚焦和倾向。

当前，我国文化产业发展过程中的一个深层次问题是如何实现现代文化产业体系的要素支撑，这要从两个方面着手，一个是加强现代市场体系建设，另一个是不断完善制度体系建设。前者的要点在于培育包括骨干文化企业、中小微文化企业在内的市场主体，加快发展新型文化企业，协同各类服务平台和载体、社会服务机构，促进打造文化产业投融资体系。后者的要点在于政府部门要科学制定和认真落实财税、投资、用地等经济政策，健全文化产业发展的制度和法治规范，做好人才培养工作，不断完善文化产业发展的制度和政策环境。

2021年6月，在文化和旅游部发布的《"十四五"文化产业发展规划》中，发展环境更加优化成为中国文化产业未来五年的重要发展目标。何谓发展环境更加优化，一要看文化市场主体的规模、结构和竞争力，二要看文化产业投融资体系，三要看文化产业人才，四要看文化经济政策体系的建设。

"十四五"时期，沈阳文化产业的最高发展目标是全面提升整体实力和核心竞争力，建设成为与国家中心城市相适应的高质量文化产业，为推动新时代沈阳全面振兴全方位振兴做出新贡献。无论从文化产业自身发展逻辑，还是国家文化产业的大政方针，都要求沈阳必须更加重视文化产业政策的积极推动和重要引导作用。

二、因地制宜制定政策，强化各细分领域的针对性和应用性

文化产业政策与文化产业战略、规划、法律、法规、行业规章制度紧密关联，如果说文化产业规划重在宏观性、方向性和战略性，文化产业法规重在规范性、长期性和通用性，那么文化产业政策更重灵活性、应对性、指导性和时效性。文化产业政策通常要针对新的经济社会发展的新形势、新情况、新问题做出及时准确的判断，进而做出科学的调控和引导措施。

沈阳文化产业政策要遵循作为宏观性、方向性和战略性引领的沈阳市"十四五"时期文化产业的规划引领。2021年6月2日，沈阳市文化体制改革和发展工作领导小组正式发布了《沈阳市"十四五"时期文化产业发展规划》（沈文改发〔2021〕1号）。在这个确定沈阳未来五年文化产业发展的文件上，明确提出产业结构优化升级、市场主体快速发展、载体建设实现突破、市场体系更加健全和保障体系更加完善这五条主要发展目标。在保障体系中明确指出要形成具有沈阳特色的文化产业政策体系，为制定出台其他文化产业政策定了基调。

如何打造沈阳特色的文化产业政策体系，关键在于坚持文化产业政策的问题逻辑，探索形成解决问题的攻关机制，以政策创新和政策集成的方式，着力解决影响围绕沈阳"十四五"期间文化产业高质量发展的短板和突出问题，不断改善沈阳文化产业发展的条件。以上海的动漫产业政策为例，上海为繁荣和发展本市动漫游戏产业，增强动漫游戏企业及产品核心竞争力，连续出台政策大力扶持国产动画。2008年以来上海出台一系列指向性强、措施得力的政策，2010年，上海动漫产业的相关总产值已达到51亿元，排名全国第二。2013年出台《上海加快发展动漫产业三年行动计划》，提出建成"国内动漫产业的创意中心及交易中心"的目标；2014年、2016年接续推出《上海市动漫游戏产业发展扶持资金管理办法》；2017年，出台《关于加快本市文化创意产业创新发展的若干意见》，明确提出上海将加快"全球电竞之都"建设的新目标；2018年，出台《关于促进上海动漫游戏产业发展的实施办法》。到2020年，上海动漫产业规模已达到200亿元，占全国总产值的10%，持续保持领先优势。上海动漫产业的政策问题意识非常强，从其不断发力，密集出台的各项规划、办法、意见等就可见一斑。这些政策为上海动漫游戏业不

第五章 沈阳文化产业政策研究

断注入新动能，破解产业发展过程中的融资、税收、土地、人才等各种问题，不断优化产业发展的环境，促进上海动漫游戏产业的持续健康高质量发展。

在沈阳文化产业政策的探索期，曾经非常具有问题意识。2008年之前，针对文化体制改革过程中遇到的各种突出问题，沈阳市先后出台了15个政策文件，对关系到全市文化体制改革和发展的人员、资金、土地等问题做出明确规定，不断突破难点，有效地保障了全市改革的顺利进行。例如，在解决转制企业如何持续发展这个难题上，沈阳市制定了财税5年不变的优惠政策，保证转企的文化单位原财政拨款数额不变，同时免征5年企业所得税。此外，继续加大投入和支持力度，重点对转企院团排演的精品剧目给予资金支持，大大增强了转制院团在市场中的发展能力。❶

在沈阳"十四五"期间文化产业高质量发展应秉承政策制定的问题意识，从实际市情出发，立足沈阳实际，研究沈阳文化产业的自身特点、发展难点与突出重点，在文化产业结构政策、组织政策和发展政策上不断细化精准，遵从实践理性，适应现代都市圈建设需求，走沈阳文化产业的特色化、差异化的高质量发展之路。

三、通过制定高质量的政策引导产业高质量发展

马克思在《黑格尔法哲学批判》导言中曾经说过，理论一经掌握群众，也会变成物质力量。理论只要说服人，就能掌握群众，而理论只要彻底，就能说服人。所谓彻底，就是抓住事物的根本，而人的根本就是人本身。高质量的文化产业政策应该导源于科学的认知，政策在叙述"怎么做"时，应该首先回答"为什么这样做"。对于具体文化产业实践来说，文化产业政策是因；但对于文化产业发展逻辑而言，文化产业政策是果。只有研究好文化产业政策逻辑前提，才有可能形成真正高质量的文化产业政策。比如，北京在1996年就在探讨文化在城市发展中的位置，经过十余年的不断的探讨和论证，2011年正式提出实施文化创新和科技创新"双轮驱动"战略，从而将文化创新提升到与科技创新并置的位置，成为首都经济发展重要引擎的发展战略。

---

❶ 新华社. 沈阳市全面推进文化体制改革发展取得实质性进展[DB/OL].[2007-09-04].

正是在思想上破解了文化在整体发展中的位置这样的前提性与根本性问题，才有了之后北京乃至国家一系列高歌猛进的文化产业大发展。

沈阳"十四五"期间文化产业的发展，同样有必要思考自身产业发展的前提性问题。比如，在2021年6月出台的《沈阳市文化产业园区认定管理办法》和《沈阳市文化产业基地认定管理办法》（沈文旅广电发〔2021〕7号），作为新生文化产业政策，替代了原《沈阳市文化产业园区（基地）认定命名暂行办法》（沈文改（产）办发〔2019〕1号）和《沈阳市文化产业示范园区示范基地评选命名暂行办法》（沈文改（产）办发〔2019〕4号）。新的文化产业园区管理办法在一定意义上有助于实现"十四五"规划中提出的"到2025年，力争文化产业园区（基地）达到100个，其中，创建1~2个国家级文化产业园区（基地），创建3~4个省级文化产业园区（基地）"的发展目标。

但比较北京、杭州等文化产业发达城市的文化产业园区、基地认定及规范管理办法，沈阳的思路、标准等都存在一定的认知差距，主要体现为以下几点：一是文化产业发达城市强化园区鲜明的产业导向及定位，如北京强调园区要以文化创意产业为主导产业门类，主要业态符合《北京市文化创意产业发展指导目录》确定的鼓励类领域，符合"高精尖"文化创意产业发展方向，杭州强调主导发展1~2项文化产业优势发展行业或重点培育行业。沈阳目前的文化产业园区政策与"十四五"发展规划存在一定的脱节，对作为沈阳"十四五"时期文化产业结构优化升级主导产业的创意设计服务业、数字内容服务业、现代传媒业、休闲娱乐业、文化产品流通、文化产品及装备制造、文化教育培训业等重点领域没有形成明确指引和扶持。二是文化产业发达城市强化园区的工作机制，如北京强调园区所在区的区委宣传部应同区有关单位制定本区域北京市文化创意产业园区的管理配套政策，引导产业要素向园区内集聚，并提供相应服务，形成市区两级共同支持园区发展的良好机制。杭州强调各区、县（市）委宣传部（文创发展中心）和钱塘新区、西湖风景名胜区管委会有关部门要作为园区、街区建设管理的"第一责任人"。沈阳的文化产业园区政策更多强调市一级层面的职责，没有形成上下贯通、职责明确的机制体制。三是文化产业发达城市强化自身的产业特色，如北京主张园区的认定要在老旧厂房保护利用、资金申报等市级文化创意产业政策中给予倾斜，杭州则专门将文化创意街区纳入文化产业园区（基地）管理范畴中。沈阳的文化产业园区政策只是一般性规定，缺乏沈阳文化产业的自身思考。这些差异的背后的一个重要原因是沈阳在文化产业智库建设方面存在短板。从国家到北京、上海、杭州等文化产业发达城市都重视调动智库的决策咨询功能，吸引一批国内的重要研究机构和各学科学者参与政策制定中来，如在制定《文化部"十二五"时期文化产业倍增计划》时，前期调研吸收了多个研究机构，先后历时两年，一批专家学者全程参与，以此保证政策的前瞻性、方向性、指导性、有效性以对产业现实发展的精准把握。这也启示沈阳在"十四五"期间出台的文化创意产业政策上，要重视智库作用，注重掌握产业发展的第一手数据和真实资料，注意运用新的学术研究成果，把握好发展现状、问题、未来发展趋势。注重借鉴和应用科学的文化产业政策评估指数体系，形成对文化产业的科学评估机制和量化标度系统。建立文化产业考核评价机制，在不断完善沈阳文化产业动态数据收集的基础上，推进文化产业效益测评和目标把控。加强文化产业政策的绩效评价和执行效能监督，逐步建立起公正高效的政策绩效评价体系。加强政策在决策、执行、实施、评估等各阶段的信息公开，引入第三方机构、新闻媒体和社会力量进行监督，进一步提升政策的透明度和公信力。

第六章　沈阳文化创意人才研究

从创意产业，到文化产业，再到文化创意产业，都在强调其是在经济全球化背景下产生的以创造力为核心的新兴产业，强调一种主体文化或文化因素依靠个人或个体通过技术、创意和产业化的方式开发、营销知识产权的行业。创意产业自英国首倡，其后许多国家和地区也纷纷提出相关概念，主要包括版权产业、文化产业、休闲产业、体验经济、注意力经济等概念。世界主要国家和地区对创意产业的理解分为三种，即以美国为代表的"版权型"，以英国为代表的"创意型"和以中、韩为代表的"文化型"。无论哪种表述，都离不开把人才视为创意经济时代关键要素的理念。在这个时代，"经济力量将不再取决于自然资源、制造业水平、军事实力或是技术。未来世界的竞争是人才的竞争，而这种竞争必会对未来几十年的世界产生重要的影响，甚至会重塑一个新世界。因此，今天的竞争力核心在于一个国家动员、吸引和留住创造型人才的能力。"[1] 正是在这个意义上，文化创意人才是实现"十四五"期间文化产业高质量发展的战略资源。

当前，随着我国开启进入全面建设社会主义现代化国家、向第二个百年奋斗目标进军，2035年文化强国战略目标已经确立，中国文化产业肩负着先行实现中华民族伟大复兴宏伟目标的重要使命，也比历史上任何时期都更加渴求文化创意人才。实现这个使命目标，文化繁荣发展是关键。文化软实力竞争说到底是人才竞争，人才是衡量一个国家文化软实力的重要指标。我们应比以往更加重视文化创意人才自主培养，加快建立人才资源竞争优势。

沈阳虽然富有历史文化、民族文化、工业文化、红色文化等诸多优质资

---

[1] Richard Florida.The Flight of the Creative Class: The New Global Competition for Talent[M]. New York: Harper Business, 2005.

源，但在几十年的发展中，却没有发展成为国内文化产业头部城市，其中一个重要原因在于文化创意人才的缺失。

　　文化产业的高质量发展依靠的是人，更准确地说是释放和解放人的创造力。因为任何文化遗产或资源都不会天然是产品或商品，只有经过一定形式的再创造，才能成为具有丰厚知识产权的文化产品，在这个再创造的过程中，需要强调文化与创意的基础作用，也要突出知识产权形成与应用的载体作用，更要重视资源产品化之后带来的体现在财富和就业机会上的现实作用，其中的每一环实际上都是人在发挥作用。从资源产品化环节的创意设计、到产品商业化环节的产销联动、再到文化创意成型的产业化，都需要吸纳真正的文化创意人才，凝聚更多的创意力量，助推文化产业的发展成型、成链、成网。所以，沈阳要着重发展文化产业，就必须使文化产业的每一环节上的人都发挥作用，集聚全社会要素、创新全时空体验、精细全过程设施、满足全方位需求，这样才能实现沈阳文化影响力、旅游吸引力、产品供给力、产业竞争力等多方面的显著提升。❶

第一节　沈阳文化创意人才现状

　　近些年，随着沈阳文化产业不断向纵深发展，文化产业市场整体逐渐升温向好。产业规模不断发展壮大，文化创意人才培养体系、文化创意人才发展环境、文化产业业态提升、市场主体建设等方面在近十年来有了比较明显的提升，而这一切都离不开文化创意人才的作用。

一、高校学科体系完备，人才构成相对完整

　　沈阳作为辽宁的省会城市，科教综合实力突出。根据教育部公布的截至2020年6月30日的全国高校名单，麦可思研究院统计了全国各城市本科院校

---

❶ 沈阳市文化旅游和广播电视局. 沈阳市文化旅游业"十四五"时期发展规划[EB/OL]. [2021-08-25].

数量，沈阳以28所的数量位列全国第十❶。沈阳高等学校教育体系建设较为完备，艺术学科门类也比较完整，有包括鲁迅美术学院、沈阳音乐学院、辽宁传媒学院等几十所专业性较强的专业艺术学院和含相关美术学、设计学、音乐与舞蹈学、戏剧与影视学、艺术学理论等艺术类学科的综合性院校，这些学校培养了大批具有扎实职业技能和专业知识的应用型和研究型人才，以及一大批从事艺术管理和文化市场的高级管理人才，可以说，沈阳整个文化产业市场的人才构成相对完整。同时，沈阳市内文化艺术门类齐全，话剧、歌剧、芭蕾、京剧、杂技、美术等在全国享有盛誉，为区域内文化产业的高质量发展贮备了大量可资利用的人力资源。沈阳文化艺术生态圈的相对完整为文化产业发展提供了天然的平台，文化艺术社群构建起天然的文创消费圈，文化创意的创作者和消费者容易聚合在一起，直接勾连起需求和供给的两端，以文化艺术接轨生活，以学术接壤社会，以文化消费带动文化生产，构建出我国北方少有的现代都市文化艺术生态圈。

二、产学研优势融合，多方共建人才友好环境

文化产业的健康发展离不开健康有序的发展环境，环境的营造和维护需要产学研多方力量共建共持。沈阳近年来比较重视发展文化产业，采取了一系列政策措施，不断深化文化体制改革，在文化产业和文化事业方面的投入比重逐年上升，在文化基地建设和文化产品销售平台搭建上也日益见到成效。沈阳众多高校也在近几年纷纷增设文化产业、艺术管理等新专业，并大力推进文化艺术项目策划、地域文化研究、文创产品研发等与文化产业高关联度活动。同时，多层次、多维度的校地合作、校企合作的展开，辽宁省文化创意产业和公共文化服务协同创新中心、辽宁文化创意产业校地研究院、辽宁省艺术理论与实践创新研究基地、辽宁省公共文化建设研究基地、沈阳市文化事业和文化产业研究中心等众多优质产学研平台的搭建和运行，涵养了沈阳的文化产业人才。沈阳的文化产业政策、资本、人才、技术等要素形成了合力，逐渐搭建起庞大的文化产业链条，支撑起沈阳文化产业高质量发展的

---

❶ 朱柏玲.沈阳本科院校数量全国排名第十[DB/OL].[2021-07-13].

各个环节，营造出一个较为积极的生长环境，引导人群的文化创造和文化消费，进一步推动了整个文化行业的勃发。

三、市场主体多元并进，人才孕育环境良好

沈阳文化产业的各级、各类的主体趋向多元，文化创意人才主要服务于文博机构、高等院校和文化企业，三类机构的文化创意人才网络相互嵌套。其中，作为主攻市场运作和经济增长的主体，文化企业又可按照规模分为三层，一是以万科集团、保利集团等为代表的大型跨行业企业，文化产业并不是主营业务，但其投资的文化地产、文化科技、艺术品运作、时尚设计、影视传媒等业务都会在其强大的企业关系网下成为文化创意产业市场的主要业务和行业风向标；二是以独立文化公司、相关业务工作室以及依托于各机构组织的附属部门为主要构成部分的中小型企业和组织，这一部分的市场主体一般规模适中，大本营会位于前一类主体的周围或内部，从事业务多数情况下跟风前者，存在部分创新，同时也会主动或被动承接来自政府、学校或社会的一些文化产业相关活动，如展览、演出、节会、项目规划等，是这个市场的中坚力量；三是以个体工作室、文创商店、线上网店、手工作坊等为主要呈现形式的个体户或类个体户，这一类主体虽然能力有限，但数量可观，且机动性强，灵活度高，思维创意发散，成长空间大，是文化产业市场人才构成的有机力量。各个市场主体搭建起来的关系网络越复杂越庞大，那这个市场就越有发展的潜力，行业的生长空间越大，文化产业才更有可能实现文化性、艺术性、商业性和社会效益的共举，使资源有机共享，使市场活性提升，使行业优质发展，使文化创意人才脱颖而出。

四、需求增量趋于稳定，人才构成逐步细化

近些年，沈阳文化市场的文化创意人才需求呈现出从增量明显到逐渐稳定，且需求层次逐渐分化，分工更明晰和细化，人才构成趋向结构化的趋势。一个行业的人才需求应该是从无到有，从少到多，再从多到细化和精炼的，而沈阳的文化产业人才需求正处于以人数增量为主向细化分工转化的需求阶

段。沈阳的文化产业从业者近年来的数量增长十分显著，并在数量上趋于平稳，并非人才饱和了，而是当下的市场规模与人才需求趋于平衡，需要扩大市场规模。据沈阳市文化旅游和广播电视局数据显示，2016年至2019年，沈阳市文化及相关产业增加值占GDP的比重分别为2.4%、2.6%、2.7%和2.7%，2020年，全市规模以上文化产业单位增加到290户，认定、评选和命名国家级示范园区（基地）7家，省级示范园区（基地）12家，市级园区（基地）28家。❶这个数据增长虽然较国内文化产业发达的北京、上海、杭州等地仍有较明显差距，但却稳步靠近到2023年沈阳市文化产业增加值占GDP比重达到5%的发展目标。人才的功能属性分工细化的趋势也比较明显，根据市场的发展程度和具体需求，已然将对"多"的需求转为对"精"的需求，即转为对管理规划、创意设计、市场行销、线下服务、线上运营等具有精准业务能力的人才的需求。这种人才需求结构的转变升级，意味着产业结构在不断发展，对引导沈阳的文化产业市场整体向暖作用显著。

第二节　沈阳文化创意人才存在的问题及原因分析

随着沈阳文化产业的稳步发展，沈阳文化创意人才培养出现了良好的发展势头，许多高校开设了与文化创意相关的专业，文化创意人才培养基地也纷纷涌现。但同时也要看到无论同全国其他城市相比，还是同沈阳市的文化产业发展要求相比，沈阳目前的文化创意人才问题还存在许多不足。

一、沈阳文化创意人才存在的问题

（一）人才生长环境有限，优秀人才引入不足

沈阳的文化创意人才引入措施还存在偏漏，主要体现在培育环节的引入不足和使用环节的引入不当两个方面。培育环节的引入不足体现在高校招生

---

❶ 李宇佳.沈阳文化产业新机频现[N].经济参考报,2021-07-07.

不当上。沈阳与文化产业关联度较高的高校和专业多以艺考的方式招生，但相关专业的招生在本地学生与外省学生的控比上常常倾向保守。以美术学院招生为例，2020年中央美术学院中法合作办学的上海校区面向全国统一排名招生；2019年中国美术学院的毕业生中，本地学生占40%；而2021年鲁迅美术学院招生比例为省内学生占48%，同其他文化产业发达城市的艺术高校相比，沈阳高校的文化创意人才外地生源比例不高，缺乏不同教育情状下培育出的人才，在思维的碰撞和创意的生发上难免会有掣肘。使用环节的引入不当则指对拥有成熟专业技能和社会实践能力的实操型人才的引入不足，这是人才引入更重要的一环。在沈阳文化产业发展的整体环境和上升潜力并不突出的情况下，地方人才引入政策相对国内文化产业发展较发达地区或其他一线城市没有明显优势，所以高质量人才的引入率要远低于流失率。而先进城市发展速度和发展程度的根本竞争在于文化，最终在于文化创意人才的数量和质量的比拼。所以，高端人才的批量引入会极大程度影响城市文化产业发展。

（二）培育体系存在欠缺，人才产出质量不高

沈阳现行的文化创意人才培育机制存在培育环节与行业技能需求紧密度不高乃至脱节的问题，导致优秀的实操人员产出率不高。这首先在于沈阳文化创意人才培养结构存在不合理性，支撑文化产业的学科体系及其归属尚不明确，不同学校的学科设置和课程安排天差地别，对社会实际需求欠缺充分考量，实践性人才和学理性人才培育的界限不明晰，针对性不足，甚至导致教学与就业出现两不相干的情况。其次，沈阳大部分培育文化创意人才相关专业的高校师资水平和教学设备不能满足创意人才培养的需求，内容输入环节的设置不充分也使专业知识的接受效果受损，专业度不高。最后，院校培育常常采用模式培育的套路，忽略思维和意识的培育，而这恰恰是文化创意人才的要件，在部分院校文化创意类学生基础较差、起点不高、又较难在沈阳现行的文化产业生态环境中接触到最前端的创新概念和应用场景的条件限制下，现有文化创意人才培养体系难以支撑起"十四五"期间文化产业高质量发展的智力需求。

（三）人才供需存在偏差，市场推助效用较弱

沈阳的文化创意人才结构尚不合理，人才的供需关系存在矛盾，体现在社会和市场对人才的外部使用的不称意及人才对自身能力发挥的不称心两个方面。前者在于行业决策者常常由不谙行业发展规律的行政管理者担任，对各类文化创意人才的使用多凭其他行业的经验，而理论常识贮备较丰富的学院派人才的技能又常常不符合市场主体的实际需求，实操技能和市场意识较差，刚毕业的大学生入职后，企业往往需要重新培训。后者则是由于市场感知能力的不敏锐和积极实践的主动性的缺乏导致就业上的力不从心，不能有效地将专业学习应用于实际业务，在自我学习的过程中容易走向膜拜前沿或自我退缩的死胡同，导致对真正推动文化产业高质量发展效用微弱。

（四）发展空间弹性较小，人才保留程度较低

沈阳市整体的工资水平相对同等级城市来说偏低，2021年，沈阳的平均工资（税前）为4877.24元，不仅低于长春的5165.17元、哈尔滨的5137.87元，更低于大连的5783.56元，遑论南方发达城市。[1]沈阳近年来文化产业发展并不乐观，产业的发育不良导致文化创意人才在沈就业意愿不强，人才流失情况比较严重。据沈阳市2016—2018年部分高校本科毕业生就业质量报告显示，2016—2018年中，东北大学留辽率为27.6%、24.1%、21.6%，逐年下降，年均下降幅度为3%左右；辽宁大学留辽率为56.29%、51.15%、48.64%，逐年下降，年均下降幅度在4%左右；沈阳工业大学（中央校区）留辽率为61.17%、49.72%、39.4%，波动较大且逐渐下降；沈阳师范大学留辽率为79.16%、85.01%、82.45%；沈阳大学后两年留辽率为70.23%、70.85%。可见，沈阳大部分高校都存在着极为明显的毕业生流失现象。[2]这种人才流失现象长期无法改善，导致地域内文化产业无法从根本上获得更持久的有机生长的力量和底气。

沈阳人口老龄化形势严峻，人口红利减弱。根据第七次全国人口普查结果，沈阳常住人口中，15~59岁人口为5928324人，占65.36%；60岁及以

---

[1] 数据源自薪酬网.
[2] 何佩龙. 人才生态视阈下沈阳市人才流失原因及对策初探[J]. 经济师. 2020(3):157-159.

上人口为 2108131 人，占 23.24%，其中 65 岁及以上人口为 1403246 人，占 15.47%。同 2010 年的第六次全国人口普查相比，15~59 岁人口的比重下降 9.57 个百分点，60 岁及以上人口的比重上升 7.94 个百分点，65 岁及以上人口的比重上升 5.10 个百分点。❶ 沈阳的深度老龄化趋势明显，15~59 岁的劳动年龄人口下降幅度比较大，而劳动年龄人口是文化创意人才的主力军，虽然劳动力资源依然丰富，人口红利继续存在，但不可否认的是人口红利正在减弱，原有依靠人口红利发展的文化产业模式已不再适用，文化产业高质量发展遭遇瓶颈。

二、沈阳文化创意人才建设存在问题的原因分析

沈阳文化创意人才建设存在多方面问题，涉及认知矛盾、整体规划、产业布局等诸多因素。

（一）文化创意人才培养不力

沈阳文化产业市场的人才供需关系不均衡，呈现文化创意人才培养与文化产业实际需求不相符的普遍现象。一方面，高校培养出来的文化创意相关专业的毕业生的实操水平和社会适应性较差。虽然 2015 年以来国家开始引导部分地方普通本科高校向应用型转变，但沈阳众多高校依然残留着过去偏重理论性知识的积习，校企合作的初步建立还不足以使毕业生拥有立即投入行业实战的实践能力。另一方面，沈阳文化产业偏科比较明显，体育、舞蹈、戏剧、杂技相对突出，但美术、音乐等却存在受众不足、足而不优、优而少消费的困境，文化创意人才的培养与就业的环节上同时出现毕业生就业情况不佳和企业单位招聘情况不佳的双重窘境，导致人才转化率和社会贡献率都偏低。

（二）文化创意人才政策缺乏精准性

近些年，沈阳为深入实施人才强市战略，发布了一系列重要文件，如《中共沈阳市委 沈阳市人民政府关于实施"盛京人才"战略打造具有国际竞

---

❶ 沈阳统计局.沈阳市第七次全国人口普查公报 [EB/OL].[2021-06-02].

争力人才高地的意见》(沈委发〔2015〕9号)、《中共沈阳市委 沈阳市人民政府关于印发沈阳市建设创新创业人才高地的若干政策措施的通知》(沈委发〔2017〕27号)等文件，全面深化高层次创新创业人才引进与培养。此外，还对人才实施了特殊的人才政策，如创业场地补贴、创业带头人的社保补贴、人才团队创新创业项目支持。尤其是2021年，沈阳启动了"人才新政3.0"，对原有人才政策进行全面升级，重点突出人才链与产业链的有效融合，围绕科技创新、人才创业、成果转化、平台建设等方面进行精准支持，这对于文化创意人才的"引""育""用""留"起到了一定示范作用。但现有沈阳的创新创业人才界定仅局限于辽宁"智能制造"相关的产业链中，而文化产业并没有列入产业链行业中。因此，实际上沈阳"人才新政3.0"并没有给文化创意人才提供利好。可以说，一直以来沈阳缺乏有针对性的文化创意人才发展规划及一整套配套措施是存在人才短板的重要原因。

（三）产业发展动能不足导致人才需求疲软

沈阳文化产业要助力沈阳建设成为国家中心城市，但辽宁省的文化认知常常是以东北三省之一的形象呈现给外界大众的，这种大面积的整合发展比以点带面的发展模式难度高出很多，需要找到明确区别于黑龙江、吉林的文化创意产业发展特色。沈阳文化产业在创意母题的勾画上，强调历史性和传统性，比较依赖老工业和清文化留存，但对其资源转化率很低，思维相对保守。最重要的是，与其他产业及相关业态的联动性不强，文创产业应该是多行业、多领域共建共联的产业业态，但沈阳目前的发展状态是一味强调文化性，对创意的重要性有所忽视，文化资源利用的精度和深度都不足，也忽视了与数字媒体、交互技术、沉浸式科技、旅游、教育、休闲、衣食住行等多个行业的交叉互补，使产业的覆盖面和衍生生态偏窄，可吸纳的人才的层面也相对有限。

（四）公众舆论的管控不到位

公共舆论和大众传媒在文化创意产业中能发挥出的作用不容小觑，而沈阳在公众舆论引导这方面还有很大的提升空间。沈阳市民对本地的大众文化活动传播度不高，对外来文化活动和形式的认可度和主动性也较低，市民文化消费认知和意愿较同级别城市都相对偏低。辽沈晚报、辽宁日报等报纸的覆盖面和传播力度有限，而辽宁电视台、沈阳电视台等作为地方主流的官方媒体，对地方文化创意产业的消费意识培育和文化消费热情引导又基本缺席，没有做好区域文化传输和地方文创品牌塑造的工作，导致沈阳的文化创意产业发展缺乏行业的领头羊，本土艺术家、设计师等可充当文化创意行业领头羊的大成者的主阵地又多不在沈阳，本地的文创力量分布零散，没有拧成一股合力推动文化创意产业的发展。

第三节　沈阳文化创意人才发展对策

针对沈阳文化创意产业人才存在的问题及原因，本节将从人才的"引""育""用""留"这四个方面剖析可行对策，找准沈阳文化创意产业人才发展的弱项并予以调整，以期促进"十四五"时期沈阳文化创意产业的高质量发展。

一、提升行业福利待遇，加大人才引进力度

文化创意产业是人的产业，需要大量的人才投入，就目前沈阳在这一方面的人才贮备来说，还需要做大量的人才引入工作。人才引入工作的开展要从拓宽现有渠道限制、充实现行人才结构模型、提高人才福利待遇等多个方面进行。

（一）多渠道

文化创意产业是一个庞大的产业结构，需要的人才数量众多，所以，在引入人才的时候也要尽量拓宽现有渠道和路径。首先是高校招生途径，这是人才引入的最直接有效的方式，如果想通过院校手段实现文化创意产业的专业相关人才的数量增量，那就需要扩大高校相关专业方向的招生数量。其次，要加大对民间创意人才的发掘力度，民间可作为文创母题的艺术及技艺形式众多，具有创意思维和娴熟技巧的实操型人才的数量也不少，是可发掘和培育的重要创意力量。最后，也要加大对海外人士的引入力度，不同文化环境

培育出的创意思维方式是相去的,但相去的思想对艺术的创造和文化的发展是最好的养分。所以,要多渠道、大范围地发掘和吸纳创意人才,拓宽人才引进渠道,进一步扩大文化创意人才队伍。

(二)多层面

除了渠道和路径的多元化,引入的人才的技能属性和市场作用也应该尽量多元化。因为涉及的范畴非常广,文化创意方面的全能型人才是非常少的,大部分是在某一领域表现突出的专业型人才。所谓"术业有专攻",文化创意人才具体可以分为几个不同类型:研究文化创意专业学科的学术型人才、挖掘国家或不同组织文化内涵的文化型人才、提出各类原创想法并创造出来的创意型人才、关注人才动态并擅于数据整合的分析型人才、擅长将文化创意转化为商业价值的策划型人才、具备较高社会认知和敏感度的服务型人才、有全局意识和前瞻性的决策型人才等。❶ 这些专项人才对应了文化创意产业中出现频率较高的知识教学、创意设计、公关营销、数据分析、活动策划、娱乐传媒和整体规划等环节或内容。要特别注意的是,要有意识地提高各行业的高精尖人才的引入,提高博硕高级知识分子的引进规模,尽可能地引入至少一两位可以充当行业领军者的杰出人才,使其能将沈阳作为工作驻地,这样以他(她)为中心的社交圈层和核心力量也会向沈阳有所倾斜和转移。在此基础上,只有多方面、多层次、多角度地去吸纳具备较强专业实践能力的人才,沈阳的文化创意产业发展高度才会不断上升。

(三)降门槛

沈阳目前的文化创意产业消费市场的受众划分还不清晰,高端产品的格调不足,大众化产品的准入门槛定调又相对偏高,可以适当降低部分专业性不高的行业和领域的人才准入门槛,以便行业的社会效益扩大和公众接受度的提高。比如,文旅产业作为我们文化产业发展中比较初级的发展方式,多依托于本地资源,容易掌控,所需的初步资金不多限于此,准入门槛就比较低,结合《沈阳市文化旅游业"十四五"时期发展规划》中提出的,沈阳以

---

❶ 薛可,于阳明.文化创意学概论[M].上海:复旦大学出版社,2021:325.

"文化沈阳""历史沈阳""山水沈阳"为主线,以"一核三带四极五廊"发展布局,构建"东山西水,北美南秀"全域旅游城市发展新格局,也是比较契合时机的。❶类似的文化创意产业的个体创业门槛也可以调低,特别是对刚入社会的年轻创业者,可以适当提升扶持力度,扩大行业的创意型人才和服务型人才的进入,也适当对文化产业知识储备较弱的其他专业方向的学生合理开放比较基础的就业岗位,以此扩充文化创意产业的人才储备。

(四)高福利

人才的引入不是单方面的工作,沈阳在引入的同时,也需要人才的同意,才能成为助力沈阳文化创意产业高质量发展的动力,那如何提高他同意的概率呢?关键在于提高人才引入的福利待遇。马斯洛需求层次理论将人类需求按层次分为五种,分别是:生理需求、安全需求、社交(情感和归属)需求、尊重需求和自我实现需求。人才引入福利从马斯洛需求层次理论出发一般包括三个方面,一是日常的衣食住行和安全要求,即薪资、住房、交通等问题;二是情感和归属问题,即家庭组建、子女入学就业等问题;三是择业时必然考虑的一个问题,即自我价值实现的问题,如自我价值开发程度、社会地位、职业上升空间等。要提高可以预见的行业发展前景,人才才会自愿投入这个行业的建设中来。

二、提高人才培养精度,对口社会人才需求

(一)提升高校教育水平

高校作为文化创意人才培育的战略基地,需更加系统、全面和前沿地考虑助力沈阳的文化创意产业高质量发展的人才技能培育,不断提升教学的水平和质量。高校人才培育分为学术型人才和实践型人才两类,学术型人才培养多注重学理知识、历史文化、综合素质、创新意识、前端意识等多方面的理论素养培训;实践型人才则注重市场运作、政策发展、实操技能、交互学

---

❶ 沈阳市文化旅游和广播电视局.沈阳市"十四五"时期文化旅游业发展规划[EB/OL].[2021-08-25].

科、社交与创意等实用性更强的技能学习。但不可忽视的是，活跃在文化创意产业市场一线的是人才一般都是社会型人才和研究型人才，是实践型人才和学术型人才的结合，区别只在于前者更重实践，后者更重学术。事实上，综合能力越强的学生，对社会的适应能力就越强，对推动行业高质量发展的动力就越大。

（二）提高校企合作密度

如果说，通过高等院校和科研院所培养创意人才是发展文化创意产业、解决创意人才短缺的最直接有效的途径，那加强校企合作，建立"产学研"联盟对培养专业化、懂管理、懂经营的复合型文化创意人才就有着很大的推进作用。校企合作可以采取多种途径和方式，例如，学校和文化创意企业签订合同，设置定向培养班，企业委托学校培养文化创意人才，学生毕业后直接进入该创意企业工作；学校和企业共同研讨创意人才培养模式，各自发挥所长共同编写教材，开发案例课程，改革学校单一的人才培养模式；邀请文化创意企业中有经验的从业者定期或不定期地与学生分享实际工作中的乐趣和经验，讲解实际工作中遇到的问题及应对措施；与企业建立学生参观实习基地，提高学生对创意产业的了解，也激发行业热情，提高学生动手能力，为尽快适应文化创意工作打好基础，为文化创意产业可持续发展提供专业化的复合型创意人才，进而推进沈阳文化创意产业的高质量发展。❶

（三）加强企业综合培训

企业培训是理论与实践相结合的人才培育模式，直接对口实际问题，可以随机应变、高效制动。当新员工进入企业后，企业要对其进行职前培训，包括企业的文化规章、技能要求、职业素养等内容，后期还要进行更深层次的专业知识和技能的培训。而文化创意产业发展时间并不长，且综合要求更高，更要加强对新员工的综合素质的职业培训，使其在专业知识相对薄弱和基础的情况下，尽量减少工作中会出现的行业共性错误和致命性问题。同时，文化产业发展更迭迅速，对于要求有创新思维和创新能力的脑力劳动者来说，

---

❶ 张鹏. 文化创意人才培育的新模式 [J]. 西安航空技术高等职业学校学报, 2012(6) : 53-55.

对新知识的补充、对创新思维的启发和创新灵感的培养都有着十分重要的作用。文化创意产业企业培训的方式多种多样，可以是企业内部资深员工或领导进行培训，或外请高校专业老师或社会培训机构资深专家深入企业进行培训，也可以将需要培训的员工送入高校或培训机构接受专业培训。❶只有从业者保持持续的求学热情和求学状态，那面对真实出现的问题才会有更高的临场素质。

（四）加强公共艺术教育

沈阳应更加加强社会的公共艺术教育，完善社会公共文化艺术教育体系，培育和提高社会整体的审美水平和创新意识。这里的公共艺术教育，指的是利用如博物馆、美术馆、文化馆、图书馆、音乐厅、剧场和影院等社会公共文化设施，对公民实施艺术教育活动，并涵养公民的品德和修养的教育行为。❷公共教育看起来只是政府单方面的行为，但这对政府和社会公众都是存在较高要求的，要求政府的文化传播具备一定艺术内涵和传播价值，也要能引导公众参与到公众艺术教育活动去产生持续的体验行为和消费行为。这是文化创意产业发展到较高水平的体现，也是象征它发展到一定程度的证明，所以，面对目前传播范围较窄、受众层面有限、公众主动性较差的社会公共艺术教育发展状况，沈阳应该持续加大对社会公共艺术教育行业的投入。

三、整合社会创意资源，合理优化人才结构

（一）着重人才的对口性

文化产业人才是文化产业发展的第一推动力，人才的高效使用是文化创意产业发展效益最大化的基础，一定要使人才各司其职。现行的文化创意产业可以大致分为信息服务业、动漫游戏业、设计服务业、现代传媒业、艺术品业、教育培训业、文化休闲旅游业和文化会展业八大门类。❸人才属性则可

---

❶ 张鹏.文化创意人才培育的新模式[J].西安航空技术高等职业学校学报,2012(6):53-55.
❷ 王一川.文化自信视角下公共艺术教育的三重维度[J].天津社会科学,2018(1):127-131.
❸ 薛可,于阳明.文化创意学概论[M].上海:复旦大学出版社,2021:203-298.

按照工作性质划分：一是文化创意策划或设计者即原创者，具体指那些策划或设计原创性文化产品或服务的人才；二是文化创意生产者，即那些将创意策划或设计转化为文化产品和服务的人才；三是文化创意经营管理者，即那些将文化创意产品或服务推向市场，形成产业，并进行经营管理的人才。使具有开拓精神和领导才能的人成为行业领军者，使具有创新能力和设计技术的人负责创意和创造，使熟悉文化领域又谙熟市场规律的人管理市场运作，使各方人才各司其职，并普遍提高行业内所有从事文化创意产业生产、服务、传播和管理工作的人的文化素养和专业素质，无限趋向人才效益的最大合力。❶

（二）加强文创品牌建设

沈阳的文化创意产业发展一直不温不火，在于一直没有产生名号响亮的文化创意品牌，而一个优秀的文化创意品牌对区域内文化创意产业的发展能起到示范拉动、经济增值和产业辐射等多重作用。知名文创品牌能助力其所属主体的健康发展，对其他同类主体企业起到示范作用，带动文创行业的热情；而且同等质量的产品，知名品牌售价更高，获得的市场份额和经济增值幅度更大；同时也更容易对上下游企业发挥辐射作用，以点带面，形成产业链条，通过拉动文化创意产业各个环节的发展拉动整体产业的发展，最终拉动整个城市的经济发展。所以，沈阳应该集中力量创建文创产品品牌，制定适当的品牌战略，如打造沈阳市艺术节、文化节厂牌，打造并持续举办沈阳文创大赛、文创产品设计大赛等创意赛事，使文化创意品牌的价值在消费和传播过程中实现增值，客观上起到促进城市文创产业繁荣发展的作用。❷

（三）提高相关产业联动性

理论上，在区域经济发展模式中，产业布局存在空间引导型联动模式、产业转移型联动模式、产业链聚集型联动模式和总部经济型联动模式这四种。❸对于工业基础深厚但文化创意产业发展较慢的沈阳而言，空间引导型产业联动模式和产业链聚集型联动模式并行是比较合适的布局方式，要求将沈

---

❶ 张伟. 实施"文化强市"战略 打造文化沈阳 [N]. 沈阳日报,2021-06-10(7).
❷ 王瑾. 文化创意产业品牌建设研究 [J]. 市场观察,2020(12):51.
❸ 姜霞. 论城市圈发展的产业联动模式及现实研判与选择 [J]. 求索,2012(10):14-16.

阳地域内的历史文化资源和老工业基地资源高度地整合与聚集，形成相互协作的产业结构，同时联合上下游相关的科技、旅游、文娱、艺术等多个领域的发展资源，调控和改善产业投资环境，深化产业文化内涵，进一步扩充整体竞争优势。最好能使相关产业形成聚集，打造大型的文创社群，紧密文化创意产业链条上的信息和资源的流通，增强市场活性和市场主体的自发性，使沈阳的文化创意产业发展能形成一个联动性、机动性较强的高质量产业闭环。同时，相对于科技专门人才，文化产业人才属于综合性、创造性的人才，很难用单一属性加以界定，具体来说，文化创意产业人才是指具有综合性的文化创意产业知识或技能，进行创造性劳动，从事文化创意产品或服务的原创、生产和经营管理工作，并对文化创意产业做出贡献的人，是文化产业人力资源中能力和素质较高的劳动者。❶ 所以，文创人才的工作也不能局限在单一产业领域内，必然要加强与相关学科领域的联动和交互工作。

四、完善区域文创规划，构建城市创意体系

（一）完善人才激励机制

沈阳应该加强文化创意人才激励力度，排除盲目激励和放弃激励的错误做法，在坚持论功行赏的原则下，改变对文化创意人才的绩效考核方式，设计科学合理的薪酬体系制度，合理充实和完善人才晋升机制。首先，文创企业在对创意人才实施绩效考核时，要充分尊重创意人才的工作性质和内在规律，薪酬体系的设计也应该充分考虑到创意人才的工作性质、工作成果和对企业创造价值的贡献度，设计出一套更科学合理的绩效考核体系和薪酬体系。其次，提高文化创意人才的普遍收入水平，扶持文化创意产业创业个体，提升人才密度，减少流动率，进一步推动文化创意产业的高质量发展。最后，除物质激励外，政府和文化创意企业都应进一步探索更多的激励形式，去留住更多的文化创意人才，如政府提高行业政策福利待遇，完善相关法律法规，塑造良好健康的文化生态环境；企业积极畅通员工晋升渠道，对员工进行股

---

❶ 张伟.实施"文化强市"战略 打造文化沈阳[N].沈阳日报,2021-06-10(7).

权激励，改善员工工作和生存环境，对员工进行精神鼓舞和激励等多种激励方式，以此提高文化创意企事业单位的管理水平，增加文化创意产业生产总值，提升其在沈阳总 GDP 中的占比，推进沈阳乃至全国的文化创意产业的高质量发展。❶

（二）开发产业新型业态

沈阳目前的文化创意产业结构相对单薄，还需要不断引进和开发产业发展的新型业态模式，不断充实和丰富产业内的创意力量和呈现方式。文旅是当下最简单且最直接产生经济效益的融合业态形式，但就沈阳的发展状态来说，沈阳的文商旅融合业态还有许多可开发的方向，如将 VR、AR 等虚拟影像技术与旅游相结合，将新型数字科技与文创产品的开发相融入等。此外，通过直接开拓新业态的方式去丰沛文化创意产业发展路径也是一个很好的手段，如自英国引入的沉浸式产业业态，就是一项融合内容创意、数字技术、光影技术等多领域的互动式文化体验项目和服务，覆盖了戏剧、展演、电影、夜游、灯光秀、综合体等多行业，在娱乐性、艺术性和文化性上都能较完整地呈现和保留，可以成为文化创意产业发展的新风口。创意产业本身就是一个追求创新性的产业，新内容和形式的不断融入会成为其持久发展的源源不断的养分，持续迭代更新的环境也能激发创意人才的创造欲和新人才的进入欲望，使产业发展拥有更长久的生命力。

（三）落实产业长期规划

党的十八大以来，文化产业发展工作成为国家的重点工作项目，为积极响应党的十九届五中全会审议通过的《中共中央关于制定国民经济和社会发展第十四个五年规划和二〇三五年远景目标的建议》和辽宁省省委在第十二届十四次全会上提出的文化强省振兴发展的重要目标任务，沈阳也于 2021 年出台了《沈阳市"十四五"时期文化产业发展规划》(以下简称《规划》)，拉开了文化强市建设的序幕，激发了文化领域各界人士干事创业热情，为今后推动产业基础逐步夯实、内涵特征不断彰显、新发优势持续放大积蓄了强劲

---

❶ 柳杰.文化创意人才激励机制研究 [M]. 北京:中国传媒大学出版社,2019：37-121.

动力。优秀发展战略的制定要产生真正的效用，需要长期有效的贯彻和落实。面对《规划》中沈阳文化产业未来将构建"一轴引领、四带联动、多领域支撑"的大格局的蓝图，要稳扎稳打，步步为营，落到实处。长期坚持以青年大街沿线为城市文化中轴，重点发展创意设计服务等优势业态；坚持以浑河两岸文化创意带、蒲河生态文明带、辽河文化旅游带、百里运河文化创意带为联动，打造文化产业集聚区、文化旅游休闲区、自驾旅游目的地、城市内河文化创意产业带；坚持以创意设计服务、数字内容服务、现代传媒、文化产品流通、文化产品及装备制造、文化教育培训等多领域为支撑，做大做强优势业态，打造现代产业体系，同时在"十四五"期间，坚持建设现代文化产业体系建设工程、文化产业链建设工程、文化产业载体建设工程和文化深度融合促进工程等四大文化产业发展工程，从组织实施、体制机制、财政税收、建设用地、政策统筹等四个方面，为推动文化产业高质量发展、打造区域性文化创意中心、加快文化强市建设创造条件、提供保障。❶

（四）优化行业发展环境

任何一个产业想要长久发展，都要因地制宜，首先建设并持续维护好行业的发展环境，塑造一个良性的生态发展圈。除了上述提到的经济待遇、政策环境等因素，更重要、更有机的是发展前景和行业氛围，好的氛围可以有效实现大多数人的自选保留和人才的大面积保留。比如，打造凝聚力较强的文创园区、文化街区和文化社区，以城市创意需求集合文化创意人才，使人才资源高效聚集，形成文化创意产业核心创意区域，塑造城市文化创意地标社群，如仿照北京798文创园区的发展模式和文化创意产业的运行机制，将沈阳的文创地产资源予以调控整合，深入集合和开发文化研学、文化接受、艺术消费和艺术教育等多种文化艺术交流形式，改变文创市场零散、零售商各自为政、产品售卖各环节联系乏力的困境，抓住文化节、文创市集等大型艺术活动造成的消费高潮期，延续并扩大市场影响力，将其打造成为沈阳的新文化艺术地标，作为对外输出的文化枢纽。❷同时，建设完备的文创社群是

---

❶ 沈阳市文化旅游和广播电视局. 沈阳市"十四五"时期文化旅游业发展规划[EB/OL].[2021-08-25].
❷ 杨波,苏曦晗. 基于地域文化特色的辽宁文创产品研发策略研究[J]. 理论界,2021(10)：8-15.

集生活、艺术和商业于一体的，在尊重和重视文化创意产业人才的城市环境中，内部的主体和个体能够自觉自发去优化整体环境和寻找发展空间，长久下来，以文化社群、文化地产为基石的文化创意产业集群能够形成产业链、创新链、人才链、政策链、资金链和生态链的有机集成，避免文创研发的媚俗化、文创产业的同质化，带动沈阳文化创意产业的高质量发展。❶

---

❶ 郑柱子. 全国政协委员王文银建议:打造文化六链集成　讲好中国故事[DB/OL]. 央广网, [2021-03-05].

第七章　沈阳文化金融发展策略研究

"十四五"时期，沈阳文化创意产业迎来重要的历史发展机遇。党和国家在宏观层面作出的一系列重大部署，为文化产业发展提供了有利的政策环境，文化创意产业在朝着成为沈阳经济支柱性产业的方向发展。为此，沈阳市政府制定了全面推动文化创意产业高质量发展的战略规划，力争到2023年，文化产业增加值占GDP比重达5%，实现全省领先，成为国民经济支柱产业，努力把沈阳建设成为区域性文化创意中心。而金融行业作为国家经济的引领和支撑行业，其与文化产业的融合也成了必然趋势，"文化+金融"必然在沈阳社会经济发展中起到更为显著的推进作用。目前，沈阳市文化创意产业的规模相对较小，整体实力与南方各发达省份和城市差距相对较大，特别是没有形成强大的专业市场竞争力，缺乏必需的政策和金融机构专业支持。加大文化金融的创新力度，全面推进文化创意产业与金融业的深入对接，是推动沈阳市文化创意产业全面繁荣发展的重要保障。

第一节　沈阳文化金融产业发展现状

金融对文化产业发展的支持是文化与金融结合的关键，具体指文化产业融资的方式和渠道，主要为债权市场、股权市场以及文化交易市场。

一、债权市场

文化产业债权市场主要由信贷市场和债券市场两部分构成。

（一）信贷市场

商业银行是文化产业信贷市场的主力军，同时为文化及其相关产业发展提供强大的融资保障。文化企业普遍具有轻资产、规模小、高风险、抵质押不足的特点。根据《银行业支持文化产业发展报告（2018）》显示：银行业创新信贷产品和服务模式，为文化产业发展提供了强有力的信贷资金支持，2013年以来，包括政策性银行、大型商业银行、邮储银行和股份制商业银行在内的21家主要银行针对文化产业贷款余额平均增长率为16.67%，高于同期人民币贷款余额增速2.98个百分点，截至2017年末，21家主要银行文化产业贷款余额达7260.12亿元，保持持续增长的势头。沈阳虽然没有针对文化产业信贷的具体统计，但全市银行业金融机构本外币各项贷款余额来看，信贷市场为沈阳文化创意产业高质量发展提供了稳定的资金支持，但总体规模较低。目前沈阳文化企业在银行直接获取贷款的总体金额较低，并且大多通过资产抵押的形式获取，通过无形资产获取贷款的案例少之又少，仅有辽宁出版集团和辽宁旅游集团等少数几家国有企业通过企业信誉进行了贷款融资，累计金额不超过30亿元。

（二）债券市场

企业债券、公司债券具有融资成本低、不会稀释影响公司正常的经营管理等优点。根据万得（wind）数据库统计，2014年至今，全国文化产业企业（中国证监会行业分类——传播与文化产业）共发行债券166支，发行金额976亿元，债券市场已经逐渐成为文化企业主要的融资方式，但沈阳由文化企业发行的债券较少，尚无具体数据和典型案例。因此，希望发行企业债、公司债能够得到沈阳市政府部门的大力支持❶，同时被沈阳文化及相关企业应用。

---

❶ 例如，北京市国有文化资产监督管理办公室于2017年12月26日发布了《北京市国有文化企业债券发行管理暂行办法》，大力支持文化企业发行企业债。

（三）其他债权市场

文化保险、文化担保、融资租赁、艺术品信托等为文化企业在经营中的风险提供保障，也提供了多种形式的债权融资渠道。[1] 近年来，我国颁布了《关于保险业支持文化产业发展有关工作的通知》《融资担保公司监督管理条例》等相关支持政策为文化产业提供制度保障。应对动漫、影视、文创等领域的文化企业轻资产、缺乏抵质押物、评估难等问题，为北京、上海、杭州等地方创新体制机制出台了多种举措，解决这些中小企业融资难、融资贵的问题。沈阳地区的文化保险、文化融资担保等实践成功案例较少，地方专项创新促进政策比较有限。

二、股权市场

文化产业的股权类融资主要包括直接上市、并购重组、新三板、新四板、文化产业基金等渠道。

（一）直接上市

截至2020年末，沈阳企业在国内A股主板、中小板、创业板、科创板上市的企业共计22家（文投控股股份有限公司的注册地在沈阳市苏家屯，受北京文资控股有限公司实际控制，故暂不考虑），其中注册在沈阳的文化及相关产业的上市公司只有1家，情况如表7-1所示。

表7-1 沈阳文化及相关产业上市公司

企业名称	主要关联方（实控或前实控）	股票名称	上市时间	公司类型	上市板块	首次募资金额	目前市值
北方联合出版传媒（集团）股份有限公司	辽宁出版集团有限公司	出版传媒 601999	2007年12月	出版发行	上证A股	6.5亿	37.6亿

---

[1] 杨涛,金巍.中国文化金融发展报告(2019)[M].北京:社会科学文献出版社,2019.

（二）并购重组（间接上市）

北方联合出版传媒（集团）有限公司作为辽宁省文化龙头企业——辽宁出版集团的上市平台，近年来，试图通过并购重组实现产业拓展从而摆脱传统主业单一发展模式，尽管多次将出版社、印刷厂、物资及配送公司等优质资产整合进上市公司，然而外延式并购发展在辽宁出版集团内部及外部推动得并不强烈，受自身体制、决策机制、上级审批、过于害怕投资风险等因素影响，始终未能形成纯粹市场化的资本运作突破，通过上市公司公开披露信息整理，北方联合出版传媒（集团）有限公司的近几年拟收购案例均以终止告终（表7-2）。

表7-2 北方联合出版传媒（集团）有限公司拟收购案例

上市公司名称	被收购企业名称	被收购企业类型	首次公告时间	是否成功收购	备注
北方联合出版传媒（集团）有限公司	北京世熙传媒文化有限公司、北京鑫台华科技有限公司（100%）	电视及视频节目、教育信息化	2017年9月	否	2017年7月3日停牌，9月22日期间签署了框架协议，11月15日公告由于关键条款上未能获得相关主管部门的认可，终止并购
	安徽哪吒互娱信息技术有限公司（100%）	移动游戏运营	2018年7月	否	2018年7月6日首次公告双方签署框架协议，2018年12月7日公告由于资本市场环境及标的公司所处行业监管政策发生变化，终止并购

（三）新三板

目前在全国中小企业股权转让系统（新三板）上挂牌的企业一共有8446家，其中文化及相关企业众多。根据万得（wind）数据库统计，辽宁在新三板挂牌的文化直接相关的企业有12家，且均属基础层，其中沈阳4家，如表7-3所示。

表7-3 沈阳市文化类新三板挂牌企业

公司名称	类型	挂牌时间
辽宁北国文化投资股份有限公司	新闻财经及文化产业投资类	2015年6月
沈阳康泰电子科技股份有限公司	音视频多媒体类	2016年8月

续表

公司名称	类型	挂牌时间
辽宁今世界文化发展股份有限公司	电影发行类	2017年3月
辽宁金印文化传媒股份有限公司	出版印刷类	2017年5月

与全省文化类新三板挂牌企业比较，以上4家文化相关企业的市值、营收、利润规模占比较低。

（四）新四板

辽宁地方性股权交易场所——辽宁股权交易中心（新四板）目前挂牌企业中的沈阳企业共1476家（占全省63%），其中文化、体育和娱乐直接相关企业32家（占全省70%）。区域性股权交易场所为沈阳市内文化企业由小做大、逐步规范、走向资本市场提供更多的发展选择。

（五）文化产业基金

1. 大型文化产业投资基金

根据新元文智的文化产业投融资大数据系统（文融通）数据显示，2013年至2019年，多达93支文化产业综合股权投资基金发起设立，其中有两支沈阳的文化产业基金：①辽宁报刊传媒集团（辽宁日报社）控股的新三板上市公司辽宁北国文化投资股份有限公司联合华盖资本于2016年共同打造了辽宁新兴文化创业投资基金合伙企业（有限合伙），首期规模1.9亿元，获得了辽宁省产业投资引导基金的投入，目前已经累计投资了十多家互联网、教育、阅读、实景娱乐等领域的成长型企业，如所投资的视觉像素、向日葵教育、明镜科技等企业发展迅速，将实现较好的投资回报，目前辽宁日报与华盖资本已经于2020年7月份成立了二期基金；②由辽宁出版集团旗下上市公司出版传媒联合全国大型综合券商国泰君安证券于2016年共同打造了辽宁省内第一支国有文化产业创业投资基金——辽宁博鸿文化产业创业投资基金，首期规模5亿元，与国泰君安采用双GP（General Partner，普通合伙人）的管理模式，基金目前投资规模为5000万元，投资了生物医药的高科技项目。据了解，目前辽宁出版集团拟与国泰君安证券联合发起二期基金，同时拟发起设立版权专属基金。

2. 文化产业专项资金

中华人民共和国财政部每年都通过设立文化产业发展专项资金，支持全国及各地方重点文化产业项目，其中也包括沈阳文化产业项目，如辽宁博鸿文化产业创业投资基金获得2016年文化产业专项资金扶持5000万元。近年来财政部文化产业专项发展资金额度如图7-1所示。

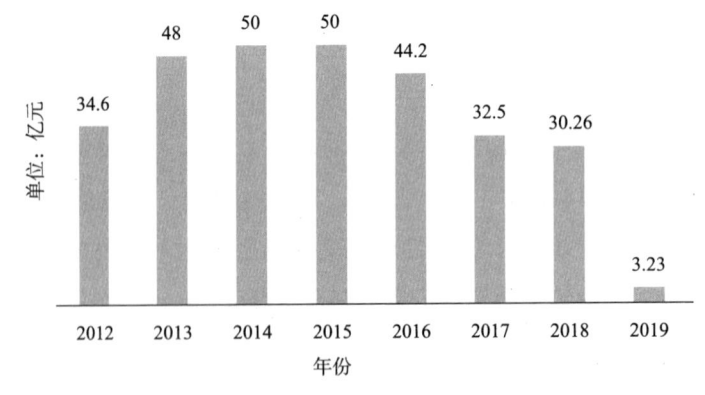

图7-1 财政部文化产业专项资金历年额度

尽管2019年度财政部的文化产业发展专项资金缩减至3.23亿元，但是各省陆续成立地方文产发展资金。比如，辽宁省从2019年起每年都设立了1亿元规模的文化产业发展专项资金，新三板挂牌公司辽宁北国文化投资股份有限公司于2020年上半年就获得200万元的省文化产业发展专项资金，用于建设省级国有文化投资及运营平台。

3. 政府引导基金

为推动沈阳文化产业质量发展，沈阳市政府2018年组建政府投资引导基金，重点在战略型新兴产业、创新创业、中小企业发展、产业转型升级、基础设施和公共服务等领域设立专项基金，资金投向实现了工业、农业、现代服务业、科技、文化旅游五大产业与各发展阶段企业的双覆盖。随着专项基金陆续设立并投资，不断发挥财政资金杠杆放大效应，解决创新创业孵化和重点项目产业化的资金投入瓶颈，助推我市创业创新和实体经济高质量发展。

4. 市场化私募股权投资（PE）/创业投资（VC）基金

依托全市众创空间及小微企业创业创新孵化基地资源，市科技局设立了众创天使投资基金和德鸿之星天使投资基金，金额各5000万元，目前已投资项目12个，金额共4300万元，同时，已启动了天使基金增资工作，拟将沈阳市天使基金规模扩大到2.5亿元。

沈阳市设立了盛京基金小镇，打造基金业态聚集区。2019年3月28日，盛京基金小镇顺利揭牌，5月18日成功举办基金小镇PE投资会议。目前已引进投资机构和发行基金产品30余支，在管基金规模超过77亿元。在2019年中国基金小镇行业年度杰出贡献评比中，盛京基金小镇以第11名的成绩入围TOP20名单，知名度和影响力初显。

沈阳市基金业协会和盛京基金小镇成立两年多以来稳健发展，协会会员单位已达60家，其中31家入驻基金小镇，累计发行私募基金产品73支，在管规模137.9亿元。未来市基协和基金小镇将持续致力于聚拢行业资源，挖掘优质企业，推动辽沈地区私募基金行业发展。

三、文化交易市场

（一）辽宁沈阳文化产权交易中心（沈阳文交所）

沈阳文交所于2010年5月由沈阳联合产权交易所投资创立，是以文化产权、股权、物权、债权等各类文化产权以及专利权、商标权、科技成果等各类知识产权为交易对象的专业化、权益性资本市场平台，是文化领域多层次市场的重要组成部分，是辽宁省委宣传部、沈阳市委宣传部支持的政府授权交易平台。2011年沈阳文交所进行了股份制改造，实现了国有控股，股权结构多元化。沈阳文交所主要经营范围：文化创意、影视制作、出版发行、印刷复制、广告、演艺娱乐、文化会展、数字内容和动漫等文化领域资产所有权、经营权、收益权及相关权利转让，为专利权、著作权等知识产权转让提供政策咨询、信息发布、组织交易、产权鉴证、资金结算交割等综合配套服务。

（二）辽宁当代艺术品产权交易中心

辽宁当代艺术品产权交易中心是经辽宁省人民政府批准设立，辽宁省委宣传部和辽宁省政府清理整顿小组审批通过，于2013年成为辽宁首家取得政府批文的文化产权交易中心，是以文化艺术品、影视 IP、非遗、传统文化为内容，以文化艺术品为标的物的产权和物权交易平台，旨在用创新的资本运作方式繁荣我国文化艺术品交易市场，推动我国文化艺术品市场的规范化、规模化、国际化发展。是集文化产权交易、文化企业孵化、文化产业信息发布于一体的专业化综合性服务平台，以产融联动的方式，将影视衍生品等文化艺术产品通过金融创新手段发现、挖掘、提升文化价值。

（三）北方国家版权交易中心沈阳中心（筹建）

北方国家版权交易中心是北方地区唯一一家国家级版权交易中心，由辽宁省人民政府申请，国家版权局批复，国家工商总局核名，于 2018 年在大连金普新区注册成立，由辽宁出版集团旗下的上市公司北方联合出版传媒（集团）有限公司控股、大连德泰控股有限公司参股共同打造。该中心以版权及知识产权的登记、交易、监测、维权、开发等业务为主，面向全国进行版权及知识产权聚集。目前北方国家版权交易中心沈阳中心组建工作正在推动，同时拟在辽宁大学等在沈高校设立版权工作站。

文化产业是经济社会发展的内容和魂魄，是地方推动创新驱动的发展战略和调整产业结构重要领域，文化产业的发展离不开金融的支持和资本市场的构建。各级政府为推动文化产业高质量发展，相继出台了一系列深化与完善文化创意产业投融资体系的政策措施，先行探索文化与金融融合发展模式，促进金融产品、服务模式的创新，尤其出台了针对性很强、操作性很高的各专项实施细则；同时积极创建国家级的文化与金融合作示范区，主动创新发展的体制机制和服务模式，在示范区内试行资金、财税、土地、人才在内的文化与金融融合发展的优惠政策，吸引文化融资担保、文化融资租赁、文化投资基金、文化保险等集聚发展，鼓励文化企业上市直接融资。例如，南京市建立了一套金融支持文化产业发展的政策，包含综合类、文化银行类、风险补偿资金和文化信贷类、文化基金和股权投资类、金融服务类、文化专项资金类、文化科技金融类等，制定和执行了系统化的文化金融政策集群，值得沈阳借鉴。

沈阳发展文化创意产业有自身的特点和实际情况，近年来辽宁省和沈阳市为推动区域内文化产业高质量发展陆续出台了一系列政策文件，不断加大对发展文化产业的支持力度，效仿发达地区成功模式和经验，逐渐加强金融对文化产业的合作与创新。辽宁省和沈阳市支持文化与金融发展的有关政策大部分都在其他整体性、规划性文件中，专属的政策情况主要如表7-4、表7-5所示。

表7-4 辽宁省文化金融相关政策

出台时间	政策名称	政策主要内容和目标
2010年9月	《辽宁省文化产业振兴规划纲要》	开始规划辽宁地方特色的现代文化产业发展新格局
2014年8月	《辽宁省人民政府关于印发推进文化创意和设计服务于相关产业融合发展行动计划的通知》	培育新的经济增长点，创建"创新型大省"，提升辽宁省文化软实力和产业竞争力
2015年9月	《辽宁省人民政府关于发展产业金融的若干意见》	全面推动金融业服务经济社会发展，通过改革驱动、创新驱动、市场驱动和开放驱动，建设产业金融服务体系，提供专业化、综合性金融服务，为产业结构调整和转型升级提供适用的金融解决方案
2016年9月	《辽宁省"十三五"时期文化改革发展规划》	按照《"十三五"国家战略性新兴产业发展规划》和《"十三五"时期文化产业发展规划》的总体部署，全面推动辽宁省文化产业快速发展，努力实现建成文化强省的发展目标
2017年3月	《辽宁省人民政府关于进一步提高金融服务实体经济质量的实施意见》	针对全省金融领域还存在直接帮助企业解决融资难的方法不多、多种渠道利用不充分、社会机构利用不足等问题，该意见探索建立符合市场化原则，直接服务企业并缓解融资难的工作体系
2019年4月	《辽宁省众创空间备案管理办法（试行）》	众创空间是辽宁省科技孵化服务体系的重要组成部分，是促进科技成果转化和技术转移的重要路径之一，加快全省众创空间建设和高质量可持续发展，营造良好的创新创业氛围
2019年7月	《辽宁省文化产业发展专项资金管理暂行办法》	辽宁省财政厅设立文化产业发展专项资金，为规范专项资金管理，充分发挥财政资金的支持和引导作用，推动全省文化产业加快发展、高质量发展
2019年10月	《辽宁省人民政府关于推动全省文化产业高质量发展的若干意见》	以供给侧结构性改革为主线，以重点行业、重点企业、重点项目、重点园区（基地）建设为着力点，完善扶持政策，优化发展环境，推动文化产业加快发展、高质量发展，为建设文化强省，推进辽宁全面振兴、全方位振兴做出新贡献

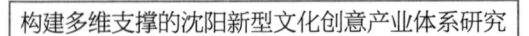

续表

出台时间	政策名称	政策主要内容和目标
2020年5月	《辽宁省关于促进文化和科技深度融合的实施意见》	根据全省文化产业发展实际，明确提出了文化和科技深度融合发展的重点任务，通过科学技术赋能文化发展，全面推动辽宁文化事业和产业高质量发展
2021年4月	《辽宁省国民经济和社会发展第十四个五年规划和二〇三五年远景目标纲要》	深化文化体制改革。坚持把社会效益放在首位、社会效益和经济效益相统一，深化文化领域供给侧结构性改革。继续深化文化事业单位改革，完善内部管理运营机制，强化国有文化资产管理，稳步推进国有文化企业改革。深化国有文艺院团改革，提升国有文艺院团经营管理水平。加快文化产业数字化，深化"互联网＋""文化＋"等融合应用，建设国家文化大数据体系分平台。持续推动印刷业绿色化、数字化、智能化、融合化发展。加强文化和科技融合示范基地建设，增强文化科技企业创新能力，提高文化核心技术装备制造水平
2021年8月	《辽宁省"十四五"文化和旅游发展规划》	加大金融信贷支持力度。全省各级各类金融机构要加大金融支持文化和旅游发展的力度，鼓励文化和旅游企业通过公司制优化股权结构，支持符合条件的文化和旅游企业申请上市融资，鼓励已上市文化和旅游企业通过公开增发、定向增发等方式开展再融资，积极开展并购重组等，进一步做大做强文化和旅游企业。加大债券市场对文化和旅游企业的支持力度，鼓励支持符合条件的文化和旅游企业通过发行企业债券、公司债券、中小企业私募债、短期融资券、中期票据、中小企业集合票据等方式扩大融资。加大对文化和旅游企业的信贷支持，积极探索开展旅游景区经营权、门票收入权质押及企业建设用地使用权抵押、林权抵押等贷款业务；对纳税信用等级为A、B、M的企业，鼓励使用"银税互动"获得信贷支持
2021年12月	《辽宁省"十四五"公共文化服务体系建设规划》	建立健全权责明晰、保障有力的公共文化服务财政保障机制，依法将公共文化服务经费纳入本级预算，保障公共文化服务体系建设。推动各级财政积极支持边疆地区、脱贫地区及农村基层公共文化服务体系建设。鼓励社会资本参与公共文化服务建设

续表

出台时间	政策名称	政策主要内容和目标
2022年8月	《辽宁省文化产业发展专项资金管理暂行办法》	专项资金由省财政预算安排，重点用于支持社会效益和经济效益突出的文化产业重点行业、重点企业、重点项目、重点园区（基地）发展
2022年9月	《辽宁省红色旅游发展规划（2022—2030年）》	统筹利用各类资金渠道，发挥专项债券、企业债券、银行授信或低息贷款等相关资金渠道的重要补充作用，引导社会资金投入，协同推进红色旅游景区内旅游道路、自驾游旅居车营地、周边环境整治等新建改扩建和升级改造。鼓励商业银行、政策性银行和开发性金融机构对符合条件的非公益性红色旅游项目给予贷款支持，探索适合红色旅游发展的新型金融产品和服务。促进社会资本参与发展。鼓励引导公益基金、慈善基金等社会资金参与红色革命遗产保护，重点补助不可移动文物的保护维修。创新管理，拓宽渠道，激励文物所有者和使用者更好履行保护义务。建立重大红色旅游项目库，推动社会资本和红色旅游重大项目精准对接
2023年4月	《辽宁省文化和旅游系统优化营商环境提升服务质量若干措施》	优化政务服务，打造便捷高效的办事环境；提升公共服务，打造文明有礼的接待环境；规范经营行为，打造诚信践诺的消费环境；创作精品力作，打造舒畅愉悦的展演展示环境；加强综合执法，打造舒心放心的安全环境；优化旅游品牌宣传，打造文明时尚的人文环境
2023年6月	《辽宁省文旅产业高质量发展行动方案（2023—2025年）》	健全财政金融政策体系。用好本级旅游发展专项资金，支持公共旅游形象推广宣传、国家级旅游品牌创建、旅游公共服务设施建设、旅游市场拓展等。鼓励有条件的市县设立旅游发展专项资金，用于支持区域性旅游业发展。鼓励有条件的地区按政府引导、市场运作、科学决策、防范风险的原则，探索设立文旅产业投资发展基金、文旅金融服务中心等金融服务平台，创新文旅产业融资产品，加强企业融资服务，完善担保补助等金融扶持政策
2023年9月	《辽宁省支持文旅产业高质量发展若干政策措施》	培育壮大市场主体、推进重点项目建设、加大品牌创建力度、支持扩大消费能级、提升公共服务水平、加强要素保障

续表

出台时间	政策名称	政策主要内容和目标
2023年	《辽宁全面振兴新突破三年行动方案（2023—2025年）》	不断增进民生福祉，在提高人民生活品质上实现新突破自觉践行以人民为中心的发展思想，全面打好文明城市创建翻身仗，加快解决重点领域民生问题，不断满足人民群众对美好生活的向往，建设文化体育强省

资料来源：根据辽宁省政府公开政策整理。

表7-5 沈阳市文化金融相关政策

文件名称	文件号
《沈阳市人民政府关于建设国家级文化和科技融合示范基地的实施意见》	沈政发〔2012〕45号
《沈阳市人民政府关于促进文化消费的若干意见》	沈政发〔2016〕54号
《沈阳市人民政府办公厅转发市文广局等部门关于做好政府向社会力量购买公共文化服务工作实施方案的通知》	沈政办发〔2016〕102号
《沈阳市人民政府关于加快建设知识产权强市的实施意见》	沈政发〔2017〕20号
《沈阳市人民政府关于进一步加强文物工作的实施意见》	沈政发〔2017〕38号
《中共沈阳市委 沈阳市政府关于加快构建现代公共文化服务体系的实施意见》	沈委办发〔2017〕45号
《沈阳市人民政府办公厅关于印发沈阳市文化广电新闻出版领域供给侧结构性改革实施方案的通知》	沈政办发〔2017〕100号
《沈阳市文化创意产业发展三年行动计划（2018—2020年）》	沈文改（产）发〔2018〕1号
《中共沈阳市委 沈阳市政府关于推动文化繁荣兴盛的意见》	沈委发〔2018〕6号
《沈阳市进一步深化文化市场综合执法改革的实施意见》	沈委办发〔2018〕90号
《沈阳市人民政府办公厅关于印发沈阳国家级文化和科技融合示范基地工作方案的通知》	沈政办发〔2018〕122号
《沈阳市文化体制改革和发展工作领导小组办公室关于印发沈阳市文化产业园区（基地）认定命名暂行办法的通知》	沈文改（产）办发〔2019〕1号
《沈阳市文化体制改革和发展工作领导小组办公室关于印发〈沈阳市文化产业示范园区 示范基地评选命名暂行办法〉的通知》	沈文改（产）办发〔2019〕4号
《沈阳市人民政府办公室关于印发沈阳市加快数字经济发展行动计划（2019-2021年）的通知》	沈政办发〔2019〕27号

续表

文件名称	文件号
《沈阳市文化体制改革和发展工作领导小组关于印发〈沈阳市促进文化产业发展考核实施办法〉的通知》	沈文改（产）发〔2020〕1号
《推动关于保护利用老旧厂房拓展文化空间的指导意见落地实施办法》	沈文改发〔2020〕2号
《沈阳市人民政府办公室关于印发沈阳市文化旅游产业服务质量提质升级工作方案的通知》	沈政办发〔2020〕16号
《沈阳市人民政府办公室关于印发2020年沈阳市数字经济工作要点的通知》	沈政办发〔2020〕18号

第二节 沈阳文化金融存在的问题及原因分析

一、对文化金融产业的顶层设计和配套政策仍有待完善

目前，沈阳鼓励文化产业发展的政策体系尚不完善，没有形成促进文化产业高质量发展的政策体系，统筹协调的管理机制尚未形成，相比国内文化产业发达区域，沈阳市的支持政策较少。经过对全市文化及相关企业的调查了解，沈阳支持文化相关政策中有些太笼统、缺少实施细则，无法真正落实，具有创新意识的政策少之又少。

一些政策在实施过程中，由于行政人员专业度不够、思维开放性不足、基础服务意识欠缺等原因，文化项目发展受阻，加之政府有关文化部门的机构和职责调整以及主管领导的经常变动，影响政府对文化产业发展的连贯性。总体上，沈阳有关政府对文化产业的顶层谋划不足，缺乏用市场的眼光、市场的机制来经营文化、发展文化的意识，创新能力不足、技术手段和管理手段落后。相比之下，江苏、广东等文化金融产业发达省份，近年来连续出台极具针对性的文化金融扶持政策，南京市与广州市文化金融相关政策如表7-6、表7-7所示。

表7-6 南京市文化金融相关政策

政策类别	政策名称
文化金融综合类	《南京市文化产业投融资体系建设计划》
	《南京市创建"全国文化金融合作试验区"工作方案》
	《江苏省文化金融合作试验区创建实施办法（试行）》
综合金融类	《南京市股权质押融资风险补偿专项资金管理办法》
	《南京市融资担保风险分担试点工作实施办法》
	《南京市融资性担保业务补助实施办法》
文化银行类	《关于鼓励和促进文化银行发展的实施办法（试行）》
	《南京市文化银行综合考核实施办法》
	《关于授予工商银行新城科技支行等五家单位"南京文化银行"的通知》
	《关于授予江苏紫金农村商业银行科技支行和招商银行南京分行城东支行"南京文化银行"的通知》
风险补偿资金和文化征信贷类	《关于设立"文化征信贷"风险补偿资金池的通知》
	《关于"文化征信贷"风险补偿资金比例调整的通知》
贷款利息补贴类	《关于下达2014年上半年南京市文化企业贷款贴息资金的通知》
	《关于下达2014年下半年南京市文化银行贷款利息补贴的通知》
	《关于下达2015年南京市文化银行贷款利息补贴资金的通知》
	《关于下达2016年下半年南京市科技银行和文化银行贷款利息补贴资金的通知》
	《关于拨付2016年下半年南京市科技银行和文化银行贷款利息补贴资金的通知》
	《关于拨付2017年南京市科技银行和文化银行贷款利息补贴资金的通知》
	《南京市科技（文化）银行贷款利息补贴、增量补贴和风险代偿操作细则》
	《关于拨付2017年南京市科技银行和文化银行贷款风险代偿资金的通知》
	《关于开展2018年南京市科技银行和文化银行贷款利息补贴申报工作的通知》
	《关于开展2018年南京市科技银行和文化银行贷款风险代偿申报工作的通知》
基金与股权投资类	《南京市文创天使跟投引导基金管理暂行办法》
	《南京市小微企业应急互助基金实施暂行办法》
	《南京市新兴产业发展基金实施方案（试行）》
	《南京市关于扶持股权投资机构发展促进科技创新创业的实施细则（试行）》
	《南京市级科技创新基金实施细则（试行）》

表 7-7　广州市文化金融相关政策

时间	政策名称
2016 年	《关于加快动漫游戏产业发展的意见》
2017 年	《广州市推进文化创意和设计服务于相关产业融合发展行动方案（2016—2020 年）》
2017 年	《广州市促进商旅文融合发展工作方案》
2017 年	《广州市推进文化金融融合发展的实施意见》
2018 年	《广州高层次金融人才支持项目实施办法（修订）》
2018 年	《广州市人民政府办公厅关于加快文化产业创新发展的实施意见》
2019 年	《关于支持广州区域金融中心建设的若干规定（修订）》

二、沈阳文化产业发展速度较慢，文化金融土壤贫瘠

沈阳文化产业的高质量发展需要根植于强大产业生态沃土，需要大量培育文化企业以形成基础支撑。通过对沈阳文化产业发展现状分析，全市的文化及相关产业在国民经济中的一些指标仍然较低，产业整体规模偏小，高质量发展的文化企业数量较少，集约化程度较低，特别是文化产业增加值相对全国的增速比较靠后，文化企业规模落后于全国水平，区域发展不均衡，市场主体仍缺乏活力，文化的资源优势还没有转化为产业优势，全社会对文化产业的重视程度不够。

沈阳长期以来以工业立市，产业资源、政策资源、金融资源多向现代工业制造业倾斜，近年来围绕工业 4.0、工业互联网、新基建逐步实现转型升级。沈阳对文化产业虽开始重视，但常年来形成的重资产投入形成巨大负担，使产业结构的调整步履艰难。

三、文化企业（单位）盈利水平低，发展观念仍比较传统

沈阳的文化及相关产业缺乏真正的龙头企业，地方性大型文化企业的总体规模仍然不大，发展模式仍比较单一，尤其国有文化相关企业仍停留在规划布局阶段，实际业务发展受到国有审批流程、决策机制和自身经营观念的束缚，市场化高级管理人才缺乏，盈利能力和经济效益未能实现突破，与国

内知名的文化企业相比，沈阳的文化相关企业市场化运作水平任重而道远。

以沈阳唯一一家主板上市国有文化龙头企业——北方联合出版传媒（集团）有限公司为例，根据2020年半年财务报告显示，各项核心盈利指标均已下滑至全国同类出版企业较低排名，其中净利润水平和增长率均为最后一位，和南方发达省份相比差距不断增大（表7-8）。

表7-8 全国出版传媒业上市公司2020年半年财务报告主要指标

公司名称	营业收入（亿元）	增长率（%）	净利润（亿元）	增长率（%）	总资产（亿元）	增长率（%）
凤凰传媒	54.27	−12.27	8.35	−5.89	240.33	0.88
中文传媒	49.48	−16.75	8.59	−4.06	258.72	13.40
中南传媒	41.31	−5.37	6.37	−4.71	223.44	2.47
大地传媒	39.28	−5.40	4.08	11.70	130.05	3.01
山东出版	38.13	−8.91	4.52	−40.68	156.06	−3.35
皖新传媒	37.49	−15.48	4.65	7.35	145.55	3.41
新华文轩	36.06	−6.92	5.80	0.13	155.12	1.22
长江传媒	30.79	−10.87	4.74	−2.94	105.02	−2.93
时代出版	27.37	−10.34	1.07	−30.60	67.37	−1.25
南方传媒	25.20	−3.20	1.97	−49.49	112.49	4.69
城市传媒	10.30	−7.57	2.01	8.95	42.53	4.38
中国科传	9.79	−5.47	1.33	−3.57	57.17	1.81
出版传媒	9.51	−21.79	0.07	−86.08	36.56	−0.88
新华传媒	5.22	−14.22	0.09	−51.20	40.23	1.12
天舟文化	3.78	−28.96	0.43	−42.80	39.13	−1.00
读者传媒	3.75	40.79	0.26	10.87	20.77	1.12

造成如此差距的主要原因是南方发达省份上市公司在2013年起充分利用了金融手段和上市公司资本运作平台功能，通过并购手段跨界文化产业前沿子行业，不断做大做强，例如中南传媒收购大唐辉煌（影视公司），中文传媒收购智明星通（游戏公司）等，与新兴企业的并购不仅带来业务新的增长点，同时也带来先进的市场化运作理念，为传统文化国有企业带来了全新的发展契机。

以辽宁卫视为例，作为全国地方卫视最早改革的单位，近年收视率来逐步下滑（表7-9）。在电视行业最核心的收入指标——广告收入这一项上，湖南卫视、浙江卫视、江苏卫视的广告收入早已超过或接近100亿元，而辽宁卫视不足3亿元。

表7-9 2019年上半年度各大省级卫视收视排名

排名	频道	收视率（%）	市场份额（%）
1	湖南卫视	0.242	2.7
2	浙江卫视	0.222	2.48
3	上海东方卫视	0.208	2.32
4	江苏卫视	0.204	2.28
5	北京卫视	0.197	2.19
6	湖南广播电视台金鹰卡通频道	0.111	1.23
7	安徽卫视	0.091	1.01
8	北京卡酷少儿频道	0.090	1.01
9	深圳卫视	0.083	0.92
10	天津卫视	0.081	0.90
11	黑龙江卫视	0.080	0.89
12	山东卫视	0.079	0.88
13	广东卫视	0.074	0.83
14	辽宁卫视	0.057	0.63
15	湖北卫视	0.056	0.63
16	江西卫视	0.049	0.55
17	重庆卫视	0.049	0.54
18	四川卫视	0.042	0.47
19	山西卫视	0.038	0.42
20	内蒙古卫视	0.035	0.39

因此，沈阳市的文化类企业发展情况不太乐观，国有文化企业主业单一、经营过于保守、经营水平较低，因此不能在全市起到表率和带头作用，民营企业个别过于激进、大部分过于传统，且难以得到政府和金融资本的真正扶持，从而无法走出发展困境。

四、金融支持文化产业发展的应用实践仍存在较大空缺

根据对全市文化与金融发展的研究，可以发现沈阳的金融支持文化产业的应用不够深刻，相对于经济发达地区，发行债券、文化担保、艺术品信托、融资租赁等金融工具的实践太少，金融创新驱动能力不足，文化与金融合作的基础配套体系不完善，专业文化金融人才缺乏。具体表现在以下几个方面。

（一）缺乏多元化有效的文化金融服务体系

当前沈阳文化企业融资对银行渠道的依赖性很大，渠道比较单一，在文化企业缺乏无形资产评估、银行对企业了解不够、针对性的金融产品创新缺乏的情况下，企业融资难是必然结果，其进一步反映的问题是目前尚未建立有效的多元化融资服务体系。

现有金融机构偏向于固定资产类文化企业。金融机构各类贷款更倾向于大型企业集团和传统资产型文化产业，文化艺术设施、文化旅游景点类项目受到青睐，以及资金回笼快的文化会展项目和设备采购类的文化产品生产项目得到较多支持，但数字动漫游戏、教育培训、设计服务、传媒等中小文创类项目、新兴文创项目就难以通过信贷指标考核，较难获得相应的金融支持，目前国内先进文化金融服务体系和模式如下（表7-10）。

表7-10 国内先进文化金融服务体系和模式

实施主体	主要内容
潍坊银行	采用艺术金融综合服务产业链模式，以相关艺术品资产化、金融化为要素，开展文化金融机制建设，同时运用相关艺术品资产进行有效的常态化融资，并且以此为运作核心，持续化开拓艺术金融服务产品的链条，从整体保管、艺术品推荐、培训以及市场咨询等环节，深入创建金融一体化的服务产业链条
南京市政府	立足于南京市文化集团所创建的金融服务中心，这是专门为全市中小文化企业提供整体化金融服务的专业平台，它深入整合了文交所、微贷企业、保险、信托等众多的金融机构，从而真正意义上构建出一整条完善的文化产业金融服务链，同时提供差异化的文化金融服务

续表

实施主体	主要内容
陕西省政府	依据文化金融产业整体运作发展的基本需求，创建了文交所平台、文化金融服务中心、微贷等金融公司，整体创建起了以元素市场为基础，以多样化文化金融服务产品与手段为架构的服务文化金融产业链条的服务集群。以互联网文化金融为主要运作点，以创建综合性的服务平台与网络运作机制为重点开拓的方向，创建立足于文化金融产业整体服务平台的文化金融产业生态链
民生银行	运用事业部来进行行业链条的整合，特别是针对文化产业业态开展专属的文化金融服务。例如，珠宝领域的原材料供应厂商、品牌加工企业以及经销商所提供的，满足其采购、销售等环节运作需要的交易核算、融资、投资理财等综合性的金融服务。此种模式的最大优势在于对于不同的文化产业业态，标准化地提供全面的物流、资金流、数据流的整体性金融服务，服务内容主要包括采购、生产、销售等诸多的交易运作环节，进而帮助提升了此行业的交易效率，削减了交易成本支出，深度把控市场的先机，全面实现了价值的持续化提升。无论是服务目标数据产业或是供应两端的核心生产厂家、交易平台、下游经销商等，极致化的服务都可以提供相对个性、专业、网络的整体文化金融服务

（二）民营文化企业融资难

沈阳地区金融机构针对文化企业融资更青睐于国有文化企业，商业银行或者是第三担保方都认为国有文化企业相较于民营文化企业对债务的偿还具有较高的保证度。另外，国有文化企业拥有复杂的股东控制链，一个国有文化企业往往拥有众多的子公司或是关联合作企业，这些关联企业常常存在着相互担保的行为，所以国有文化企业想要获得担保贷款也更加容易。将国有和民营文化上市企业中有明确报告贷款利率的数据为样本对比分析发现，民营企业的贷款利率显著高于国有上市公司。这说明，商业银行等金融机构更愿意偏向于国有文化企业贷款，民营文化企业融资难度、贷款利率都远高于国有文化企业。

近年来，民营企业信用利差持续走高，从约200个基点上升到350个基点，融资条件进一步恶化，国企与民企的融资利差目前为2.5%。2018年1月至10月，民企净融资额仅为1253亿元，较2017年同期大幅下行3382亿元，国企与民企融资待遇仍旧较大。沈阳地区的民营文化企业，呈现出规模小、行业分散、资产轻等特点，导致各商业银行审批流程加长，风险评估标准提升，将有限的贷款资金向大型企业倾斜。

(三) 复合型的文化金融人才缺乏

文化金融是一个新兴的业态，跨越了文化产业和金融业等多个部门，新问题、新情况层出不穷。目前看来，虽然沈阳的大专院校比例在全国排名靠前，但专业化文化金融人才不仅总量缺乏，而且人才结构不合理，文化产业人才往往不懂金融，而金融人才又不熟悉文化产业。

全国各经济发达地区高校及机构已经设立文化金融学科及研究院，开展文化金融研究和教学活动。比如，2013年3月27日，中国文化传媒集团与包商银行联合成立北京中传文化金融产业研究院；中央财经大学于2017年12月19日成立文化与金融研究中心；厦门大学金融文化研究院于2020年12月29日上午正式举办揭牌仪式；清华大学五道口金融学院创立文创金融研究中心；深圳文化产权交易所创立文化金融城市学院；中国人民大学应用经济学院、对外经贸大学文化产业管理系、首都师范大学文化产业系、北京电影学院管理学院、济南大学商学院开设文化金融课程；国家金融与发展实验室文化金融研究中心的文化金融教材已接近尾声，即将出版。

第三节　沈阳文化金融发展对策

全面推动文化产业沈阳文化产业高质量发展是功在当代、利在千秋的大工程，需要用金融赋能文化，用金融推动文化，用金融承载文化，源源不断地为地方经济迅猛发展提供新动能，全市全社会都要进一步深化改革、解放思想、转变观念。❶

一、做好顶层设计，坚持统筹规划，全力打造国家级文化金融示范区

推动沈阳文化产业高质量发展，打造文化与金融的有机融合，沈阳市各级政府及相关部门需要组织全市文化相关及统计部门，构建沈阳乃至辽宁文

---

❶ 李晓南,安娜.辽宁省文化产业发展现状及对策研究[R].辽宁社会科学院,2018.

化与金融发展标准体系。一方面，精细做好文化产业、文化与金融发展相关的指标设计和统计工作，公开全市文化事业投入情况，加深全社会对沈阳文化产业实际情况的了解与研究；另一方面，规划文化与金融发展的战略和目标，做好制度设计保障文化与金融发展的制度供给，形成各细分领域的专门设计，确保文化与金融发展的有序推进落地。

政府应加强组织领导，牵头建立全市文化与金融发展领导小组，制定措施，细化分工，有组织、有计划、有步骤地抓好发展目标及重点任务的落实，协调解决文化产业发展中的具体困难和问题；组织相关部门、企业代表、各类金融机构代表、科研院所、专家学者等组成顾问团队，为全市文化产业发展建言献策，提供专业意见。

文化与金融发展具有公共性、全局性、前瞻性，需要有大格局、大手笔、大发展。沈阳市政府需要做好统筹，全面深化改革的部署和安排，做好顶层设计，加快文化领域供给侧结构性改革，健全现代文化产业体系和市场体系，优化文化与金融产业结构布局，将我市全力打造成国家级文化金融示范区，充分尊重文化金融发展的规律，以创建示范区为契机，实践既突出特色，又可操作、可复制、能落地的做法，形成一套具有沈阳特色的文化金融融合发展的体制机制和服务模式，不断完善文化与金融发展服务体系，在全市范围内大力推进与创建国家级文化金融示范区，不断提高文化金融融合创新水平，助力沈阳文化产业全面高速发展。

二、加强政策保障支持

发展和壮大文化产业需要政策先行，这就要求沈阳市高站位、全体系建立文化与金融发展的政策保障，实现财政政策、金融政策、土地政策、人才政策、产业政策等有机衔接。需要更加注重实效，保障文化产业发展的财政、税收、银行、土地、信托、保险、基金等政策供给，杜绝形式主义，及时做好政策调节和配套服务，及时出台各项政策的实施操作细则，确保各项文化相关支持政策落地落实，推动"十四五"时期沈阳文化创意产业高质量发展。

针对文化与金融发展的支柱行业、重点领域、重要平台、重点工程项目，相关政府需要出台税收优惠、费用减免、业务奖励、贡献返还等具体的扶持政策，保障其高质量发展。

针对文化与金融发展中出现的新技术、新产品、新业态、新模式，区分不同情况，积极探索和创新适合其特点的支持和监管方式，既要有利于营造公平竞争环境，激发创新创造活力，又要进行有效监管，防范可能引发的风险。

针对发展文化与金融产业物业和用地需求，为市内有条件的重点区域和重要项目提供优惠或免费物业，做好产业嫁接，鼓励以划拨方式利用盘活存量房产，发展文化与金融产业。保证科技含量高、经济效益好、资源消耗低、环境污染少的文化产业项目用地指标，盘活存量土地和闲置土地，加强用地管理，清理、调整低效能企业占地，转变土地利用方式，提高土地利用效率。

针对文化金融人才，要出台更加积极有效和精准的文化金融人才相关政策，要责成文化产业监管部门将吸引和支持文化金融人才作为年度绩效考核目标，设立专项基金支持和奖励文化金融机构及高管人才，并逐步拓宽人才覆盖范围。同时，陆续引进国际国内知名文化金融论坛、文化金融研究院、文化金融协会等智库和社会组织，不断提升全市文化金融的智力资源水平。

三、打造数字文化产业集群，培育高质量文化企业成长沃土

推动沈阳文化产业高质量发展的核心是利用数字高科技手段增加文化产业附加值，培育盈利能力和市场竞争力强的文化企业。沈阳应充分依托工业数字化改革带来的基础，以数字文化的内容、科技和消费为核心，构建"三核联动、多域共生"的文化产业发展格局，最终呈现出"数字文化产业谷"形态。根据这一理念，以"重点产业平台＋核心企业引领＋中小企业围绕群"发展路径构建城市数谷，推动数字文化资源集中和产业集聚，实现内容链、产业链、资金链、资源链、人才链、技术链"六链合一"，打造城市数字文化创新协同、产业应用和人才培养的高地。

沈阳城市数谷围绕数字文化产业，构建数字文化内容、数字文化科技、数字文化消费三大产业板块互联互通的核圈层，各圈层可在横向上进行业务

交互融合，纵向上贯通产业链上下游交叉联动，既相对独立，又相互促进、相互支撑（图7-2）。

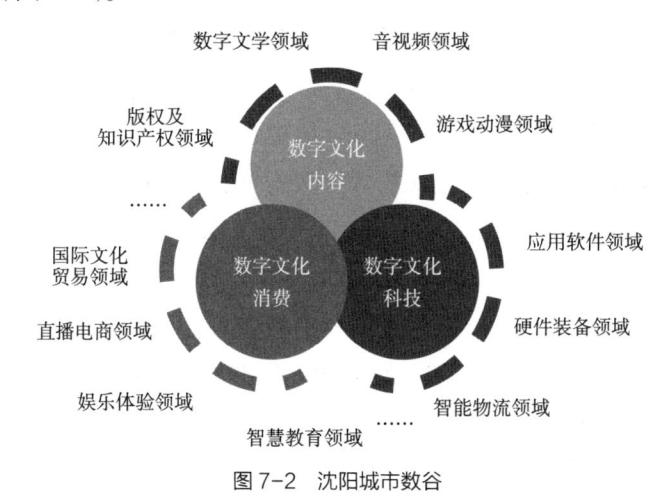

图7-2 沈阳城市数谷

（一）引进核心企业

第一，通过政策吸引国内顶级文化企业入驻沈阳城市数谷。以此为核心，充分发挥重点产业和骨干企业的带动作用，以点带面、以大带小，吸引为其提供配套服务的技术公司、创意公司、融合衍生产品开发公司等机构入驻，建立互动、互补、互利的生态共荣关系。

第二，吸引新型全场景生产主体入驻。重点吸引从事重点文化科技、内容创作、影音制作、文化消费、电商直播、多频道网络机构（MCN）的企业入驻，大力发展符合区域文化产业建设规划的企业。既推动龙头大企业，也吸引创业创新型小企业物理聚集或虚拟聚集。

（二）吸引配套企业

第一，吸引发行营销主体入驻。引入行业龙头发行营销主体建立分支机构，如知名公关公司、4A广告公司、媒介研究机构，开展文创内容宣推发行、文化产业经纪人、数据分析等。

第二，吸引推动5G等新基建相关技术发展的中后端企业入驻。如三大通信运营商、国家电网、华为等，为数字文化产业5G业务提供发展支撑，建强产业云平台，依托区域资源进行拓展布局。

第三，吸引从事技术创新研发的主体入驻。如邀请全球文化科技相关技术实验室、文化科技企业在数谷设立分支机构、区域总部、创新中心、孵化基地，吸引国内高校、研究机构在数谷开展项目落地孵化，吸引数字文化软硬件行业的龙头企业入驻。

第四，吸引文创衍生企业入驻。如文旅企业、文创产品加工制造、动漫玩具制造企业，开展文化创意类"众创"空间建设。

第五，吸引金融服务主体入驻。着力吸引银行机构、证券公司、保险机构、信托公司、担保机构、基金公司、小贷公司、财务公司、评级机构、法律机构等主体入驻，重视专业的文创金融担保机构、保险机构、投融资服务机构，重点引进资本力量雄厚、拉动力强劲的文创金融领军企业。

（三）打通产业生态关键环节

打通产业生态的关键是做好产业间的"连接"，主要包括多业务交互平台和资源库的建设。

一是打通文创产业发展关键节点，建立多种业务沟通交互平台。强化国家级版权交易服务平台、IP孵化服务平台、产业联盟、数字文化发行营销服务平台、文创金融服务平台、科技创新中心等。既可以由政府为主体进行推动，也可以由政府指导龙头企业进行推动。

二是建立区域文创产业资源库。主要包括重点数字文化企业培育库、从业人员数据库、文创培育孵化项目库，紧紧围绕文创产业建设"文化产业学院"和"文化智库"。

四、完善文化金融体系及平台建设，推动文化与金融各主体参与的创新发展

金融在文化产业创新驱动发展中具有不可替代的强大支撑带动作用[1]，推进文化与金融创新高质量发展，政府和金融机构、社会资本需要大力快速推

---

[1] 张洪生,金巍.中国文化金融合作与创新[M].北京:中国传媒大学出版社,2015.

动全市文化与金融全面融合，引导和带动金融业加大对文化产业的支持力度，加强文化与金融结合的真正实践。

（一）政府方面

一是需要将文化金融纳入全市金融改革的大盘子，明确文化银行的管理和服务要求，并从风险补偿、贷款利息补偿、贷款担保补偿等方面给予政策扶持。

二是支持完善文化金融体系的建设，使科技金融政策适用于文化金融产业，建设文化金融服务中心，搭建文化金融债权担保、股权投资、综合服务、文化贸易、创新奖励、多层次产权交易及资本市场等多个平台。

三是需要创新财政对文化投入的方式，如增加文化产业专项资金投入、扩大引导基金规模、文化产业债转股等方式，促进并引导金融体系及各类资本参与文化金融产品的创新过程。

四是需要通过资金引导、带动社会资本、金融资本参与文化科技相关领域的研发和产业化。

五是需要通过各项政策鼓励各类金融机构搭建文化通融资服务平台，为优质文化企业提供创业投资、贷款担保和银行融资等服务。

（二）金融机构方面

一是需要积极拓宽文化产业融资渠道，加强金融创新和金融服务能力建设，加大对文化企业的有效信贷投入，实行贷款贴息和贷款增量补贴政策，支持文化小微企业金融服务，调动中小微文化企业积极性，为文化产业发展提供多样化的融资渠道和全产业链的金融服务。

二是银行、保险、证券和信托等金融机构需要全力指导文化企业进入信贷、企业债、融资租赁、担保、信托业务、基金、股权融资、企业上市等金融和资本市场。

三是建立文化信贷的贷款风险补偿机制、对市内文化企业贷款所发生的损失，由风险金和文化银行共同分担。

四是关注产业链、供应链和价值链，使文化产业各个节点的融资、信用、风险、价格、增值等各种金融需要得到满足，金融服务产品通过传统手段和现代互联网手段（如线上供应链金融）实现贯通。

（三）社会资本方面

一是需要将金融资本和产业资本通过参股、持股、控股、基金投资、政府和社会资本合作（PPP）等方式对文化产业进行内在融合，支持参与多元化主体，推进文化产业的股转债、债转股、兼并重组、境内外上市等资本运作创新。

二是支持建立文化产业发展的投融资风险补偿和分担机制，推进投贷联动，发挥资本的带动作用使审计、法律、评估、交易等各类服务机构积极参与到发展文化产业中来。

三是将制度、管理、文化、人才、技术、知识，与金融对接、互联网金融、文化资源、版权问题进行结合，实现文化与金融产业在文化旅游、体育、电子竞技、互联网经济、智慧教育、智慧城市等各领域的外循环发展。

（四）产业园区方面

文化产业园区是地域文化沉淀、文化企业孵化和成长、文化人才集聚发展、文化扶持政策集中实施的重要载体。沈阳市文化产业园区已初具特色和总量规模，但相比全国仍处中等偏后水平。需要按照创新优园、名人立园、名企强园的思路，实施文化金融空间载体建设提升工作，推动文化金融产业专业化、特色化、规模化、品牌化、集聚集约发展。

一是再造提升一批。通过政策引导，鼓励具备条件的文化金融产业园区（基地），积极引进名人、名企和知名运营团队，突出特色，发展文化金融各相关业态，优化园区（基地）的产业生态环境，搭建培训孵化、金融服务、知识产权转化、公共技术研发等服务平台，完善服务功能，打造文化金融各领域的园区（基地）品牌。

二是培育做强一批。支持全市现存的文化与金融相关产业园区发展，落地扶持政策，做好服务配套，同时要注重开源节流，杜绝大手大脚、铺张浪费，抵制形式主义、拜金主义，要真正依托自身品牌和基础，深耕文化与金融融合发展，打造文化金融产业航母。

三是引进发展一批。依托全市文化金融的众创空间、产业基地等空间载体，策划一批重点文化金融招商项目，引进战略投资者和文化金融领军团队，开发建设一批高端的文化金融各业态集聚的产业园区（基地），吸引国内外文化金融总部企业和机构集聚发展，带动全市文化产业高端化发展。

五、打造东北地区领先的文化金融产业名片

（一）组建文化产业投资平台

目前，我国很多文化产业发达地区设有文化产业投资平台，如陕西文化产业投资控股（集团）有限公司、北京市文化投资发展集团有限责任公司、山东省文化产业投资集团有限公司等，但在东北地区尚为空白。大型文化产业投资平台都是"政府主导、龙头企业引领"，普遍具有特征明显、针对性强的发展定位，通过整合地方文化产业，主要借助资本运作手段与金融深度结合，发挥产业集群优势、实现发展活力、大力助推地方文化产业发展。

建议组建资产规模超过 500 亿元沈阳文化产业投资平台，注入并整合全市优质文化资源、股权、资产，开展基金投资、直接股权投资、文化金融投资、文化功能投资、文化内容投资和业务拓展，最终将发展成为沈阳、辽宁乃至全国文化资源的整合平台、文化品牌的创建平台、重大文化项目的投融资及实施平台、文化基金管理运营平台、文化资本的集聚运营平台、文化金融服务支持平台、文化贸易服务平台。

（二）打造全国知名版权和知识产权的价值评估和交易市场

文化产业是创意与创新高度集中的产业，版权和知识产权是文化要素和文化价值的重要载体，是企业、产业以及全社会的重要的无形资产，我国经济社会的发展从粗放到精细，全社会都在越来越重视版权和知识产权。

较全国而言，沈阳的文化产业创新和保护相对薄弱，在此阶段建立健全版权知识产权体制机制，能够快速地集聚文化及相关产业，为推动全市文化产业高质量发展提供重要保障，提升区域文化产业科学治理能力，在全社会树立起文化影响力。

目前在全国范围内版权和知识产权的交易中心较多，但大多数规模较小，

重视程度不高，没有形成产业规模。正借此契机建议沈阳市政府全力打造全国标志性的版权和知识产权交易市场，通过聚集游戏、动漫、影视、出版、文学、演艺等文化相关各领域版权及知识产权，形成文化产业聚集高地。以北方国家版权交易中心为载体，大力支持在全市开展全版权（包括工业设计、文字作品、美术作品、以及图片音乐视频等数字版权在内的各类一般作品著作权、计算机软件著作权）和全知识产权（包括商标、专利、标志等）的开发、登记、交易、评估、监测、维权，鼓励面向全国进行版权及知识产权聚集。依靠版权及知识产权作为文化企业抵押、质押股权和金融对接的重要途径，支持在全市建立权威的版权知识产权价值评估和交易平台，探索在银行、保险、投资、交易所等各类金融机构间实现相互认证、衔接和兼容，需要完善各个系统的版权交易市场的评估、定价、挂牌、竞价流程，建设全市文化价值的计量体系、评估服务体系和交易体系。

参考文献

[1] 沈阳市人民政府办公厅.沈阳市"十二五"时期文化产业发展规划[EB/OL].[2011–12–02].

[2] 沈阳市发展和改革委员会,沈阳市文化广电新闻出版局.沈阳市文化创意产业"十三五"发展规划,沈文广新发〔2018〕25号,2018.4.27.

[3] 沈阳市文化体制改革和发展工作领导小组.沈阳市"十四五"时期文化产业发展规划,沈文改发〔2021〕1号,2021.6.2.

[4] 中共辽宁省委,辽宁省人民政府.辽宁省文化产业振兴规划纲要[EB/OL].[2010–09–02].

[5] 辽宁省人民政府.辽宁省人民政府关于发展产业金融的若干意见[EB/OL].[2015–09–29].

[6] 辽宁省人民政府.辽宁省人民政府关于进一步提高金融服务实体经济质量的实施意见[EB/OL].[2017–03–04].

[7] 辽宁省人民政府办公厅.辽宁省文化改革发展"十三五"规划[EB/OL].[2016–06–26].

[8] 辽宁省人民政府.关于推动全省文化产业高质量发展的若干意见[N].辽宁省人民政府公报,2019(13):33–40.

[9] 辽宁省科学技术厅,等.辽宁省关于促进文化和科技深度融合的实施意见[EB/OL].[2020–04–30].

[10] 辽宁省人民政府办公厅.辽宁省产业(创业)投资引导基金管理办法[EB/OL].[2021–08–14].

[11] 国家统计局.2017—2019年中国文化及相关产业统计年鉴[M].北京:中国统计出版社,2019.

[12] 杨涛,金巍.中国文化金融发展报告(2019)[M].北京:社会科学文献出版社,2019.

[13] 中国银行业协会.银行业支持文化产业发展报告(2018)[R].2018.

[14] 中国人民银行沈阳分行货币政策分析小组.辽宁省金融运行报告(2020)[R].2020.

[15] 辽宁省发展和改革委员会,辽宁省统计局.辽宁省文化产业2015年度发展报告[R].2015.

[16] 李世举.辽宁文化产业的比较优势与发展对策[J].新闻界,2012(2):34-37.

[17] 李晓南,安娜.辽宁省文化产业发展现状及对策研究[R].辽宁社会科学院,2018.

[18] 张洪生,金巍,中国文化金融合作与创新[M].北京:中国传媒大学出版社,2015.

[19] 叶立群.基于地域文化的辽宁文化创意产业发展策略[J].理论界,2009(8):75-76.

[20] 朱忠鹤.有的文博单位做得风生水起,更多的则默默无闻——辽宁文创产品如何借力提升?[N].沈阳日报,2020-06-16.

[21] 杨波,耿阳.基于项目式教学的文化产业管理应用型人才培养模式探索[J].艺术工作,2020(4).110 111.

[22] 张振鹏.博物馆运营全面进入文创时代[J].中外文化交流,2017(3):52-53.

[23] 冯虎.兵马俑人物模型走俏文创产品如何成"现象级IP"[N].经济日报,2019-06-04.

[24] 广东省文化厅.广东省文化文物单位文化创意产品开发工作推进会会议报告[R].2021-05-11.

[25] 郑柱子.全国政协委员王文银建议:打造文化六链集成 讲好中国故事[DB/OL].央广网,[2021-03-05].

[26] 中国新农村文化建设管理委员会.特色文化资源开发的四种方式[DB/OL].[2019-07-12].

[27] Alice.案例解析——故宫火爆文创背后的思考[DB/OL].[2019-01-09].

[28] 木头1018.当我们的博物馆文创在卖萌时,美国大都会在干什么?[DB/OL].[2016-06-13].

[29] 刘志辉. 旅游文创商品研发浅析：你怎样才能打动消费者？[DB/OL]. [2018-01-30].

[30] 旅游文化产业链. 文化创意商品如何打动消费者？[DB/OL].[2018-06-05].

[31] 胡惠林. 文化产业发展的中国道路——理论·政策·战略[M]. 北京：社会科学文献出版社，2018.

[32] 王兴全. 上海文化创意产业园区政策发展史[M]. 上海：上海社会科学院出版社，2020.

[33] 冯根尧. 中国文化创意产业园区：聚集效应与发展战略[M]. 北京：经济科学出版社，2016.

[34] 王潇怡. 中国文化产业园现状研究[J]. 中国产经，2021(4)：25-26.

[35] 杨秀云，李敏，李扬子. 我国文化产业空间集聚的动力、特征与演化[J]. 当代经济科学，2021，43(1)：118-134.

[36] 马克斯·霍克海默，西奥多·阿道尔诺. 启蒙辩证法[M]. 曹卫东，渠敬东，译. 上海：上海人民出版社，2006.

[37] 人民日报评论员. 大力推动我国经济实现高质量发展——二论贯彻落实中央经济工作会议精神[N]. 人民日报，2017-12-23.

[38] 罗昌智，林咏能. 两岸创意经济研究报告(2014)[M]. 北京：社会科学文献出版社，2014：224.

[39] 熊澄宇. 中国文化产业政策研究[M]. 北京：清华大学出版社，2017：13.

[40] 陈晓彦. 台湾文化创意产业政策研究[M]. 北京：九州出版社，2016：34.

[41] 大卫·赫斯蒙德夫. 文化产业[M]. 张菲娜，译. 北京：中国人民大学出版社，2007：154.

[42] 国家统计局. 国家统计局解读2020年全国规模以上文化及相关产业企业营业收入数据[DB/OL].[2021-02-01].

[43] 魏运亨. 沈阳市全面推进文化体制改革发展取得实质性进展[DB/OL].[2007-09-04].

[44] Richard Florida.The Flight of the Creative Class:The New Global Competition for Talent[M].New York: Harper Business，2005.

[45] 沈阳市文化旅游和广播电视局. 沈阳市文化旅游业"十四五"时期发展规划[EB/OL]. [2021-08-25].

[46] 朱柏玲.沈阳本科院校数量全国排名第十[DB/OL].[2021-07-13].

[47] 李宇佳.沈阳文化产业新机频现[N].经济参考报,2021-07-07.

[48] 何佩龙.人才生态视阈下沈阳市人才流失原因及对策初探[J].经济师,2020(3):157-159.

[49] 沈阳市统计局.沈阳市第七次全国人口普查公报[EB/OL].[2021-06-01].

[50] 薛可,于阳明.文化创意学概论[M].上海:复旦大学出版社,2021.

[51] 张鹏.文化创意人才培养的新模式[J].西安航空技术高等专科学校学报,2012,30(6):53-55.

[52] 王一川.文化自信视角下公共艺术教育的三重维度[J].天津社会科学,2018(1):127-131.

[53] 张伟.实施"文化强市"战略 打造文化沈阳[N].沈阳日报,2021-06-10.

[54] 王瑾.文化创意产业品牌建设研究[J].市场观察,2020(12):51.

[55] 姜霞.论城市圈发展的产业联动模式及现实研判与选择[J].求索,2012(10):14-16.

[56] 杨波,苏曦晗.基于地域文化特色的辽宁文创产品研发策略研究[J].理论界,2021(10):8-15.